الإيمان الذي به نحيا

بقلم

ديريك برنس

الإيمان الذي به نحيا

Originally published in English under the title
Faith to Live by
ISBN 978-0-88368-519-8

Copyright © 1973, 2002 Derek Prince Ministries–International.
All rights reserved.

المـــؤلــــــف : ديريك برنس
النـــاشـــــر : المؤسسة الدولية للخدمات الاعلامية ت: +٢٠ ١٠٠ ٨٥٥ ٩٨٨٩
المطبعـــــــة : مطبعة سان مارك ت: +٢٠٢ ٢٣٤١٨٨٦١
التجهيـــز الفنـــي: جي سي سنتر ت: +٢٠٢ ٢٦٣٧٣٦٨٦
الموقـع الالكتروني: www.dpmarabic.com
البريـد الالكتروني: sales@dpmarabic.com
رقـــم الايـــداع: ٣٦٤٦ / ٢٠٠٧
التـرقيـم الـدولـي: 977-6194-05-2

Derek Prince Ministries–International
PO Box 19501
Charlotte, North Carolina 28219
USA
Translation is published by permission

Copyright © 2013 Derek Prince Ministries–International

www.derekprince.com

DPM

الفهرس

١
الإيمان مقابل العيان

الإيمان! من الذي يمكنه أن يقيس أو يعبر بشكل كامل عن الإمكانات التي تقدمها تلك الكلمة الصغيرة والبسيطة؟ ربما تكون أوضح الطرق للتركيز على إمكانات الإيمان هي فحص عبارتين قالهما يسوع:

«عند الله كل شيء مستطاع» (مت ١٩ : ٢٦).

«كل شيء مستطاع للمؤمن[١]» (مت ١٩ : ٢٦).

نجد في هاتين العبارتين كلمات تتكرر وهي «كل شئ مستطاع». تنطبق هذه الكلمات على الله في العبارة الأولى، أما في العبارة الثانية فهي تنطبق على الذي يؤمن. والأمر ليس صعباً أن نقبل أن كل شيء مستطاع لله فهل يمكننا أن نقبل أن كل شيء مستطاع للذي يؤمن بنفس القدر؟ هذا هو ما أخبرنا يسوع به.

ماذا تعني هذه الكلمات عملياً؟ إنها تعني أنه بالإيمان تصبح

(١) تعني في الأصل اليوناني «كل شيء مستطاع للذي يؤمن»

الأمور المستطاعة لله مستطاعة بنفس القدر للشخص الذي يؤمن. فالإيمان هو القناة التي تجعل كل ما هو مستطاع لله متاحاً لنا. وبالإيمان يصبح كل ما هو مستطاع لله مستطاعاً لنا بنفس القدر. فلا عجب أن يؤكد الكتاب المقدس باستمرار من بدايته إلى نهايته على الأهمية الفريدة للإيمان.

مشاكل الترجمة

قبل أن نتقدم في دراستنا لما هو أبعد من ذلك، سيساعدنا أن نوضح أحد جوانب سوء الفهم اللغوي الذي كثيراً ما يسبب لنا صعوبات في فهم الإيمان. فلدينا في اللغة كلمتان مختلفتان للإيمان وهما: يؤمن، ويصدق (يعتقد). والعلاقة بين هاتين الكلمتين ليست واضح دائماً. لهذا يحاول الواعظون أحياناً التمييز بين «يؤمن» و«يصدق». ومع ذلك، فلا يوجد أي أساس لهذا التمييز في اليونانية الأصلية التي كُتِبَ بها العهد الجديد.

ففي اللغة اليونانية الكلمة المستخدمة للإيمان هي «pistis»، والكلمة المستخدمة للفعل (يصدق / يعتقد) هي «pisteuo». والفعل مُشتق مباشرة من الاسم. ويتكون جذر كل من الكلمتين من نفس الأربعة حروف هي «pist». وطالما نتحدث عن الكتاب المقدس فمفهوم الإيمان فيه هو التصديق (الاعتقاد)، وبالعكس فالتصديق هو الإيمان.

عندما نبحث عن الكلمات التي تعبر عن عكس الإيمان، نجد أن هناك اختلافاً بين العربية واليونانية. ففي اللغة العربية عكس الإيمان هو عدم التصديق. أما في اللغة اليونانية فهناك كلمة

متصلة اتصالاً مباشراً مع الإيمان. فالإيمان هو «pistis» وعدم الإيمان هو «pistisa» (يتساوى الحرف «a» في اللغة اليونانية عندما يأتي قبل الكلمة مع كلمة «عدم» في اللغة العربية عندما تأتي قبل الكلمة لتنفيها). تتكرر نفس الحروف الأربعة في جذر كلتا الكلمتين اليونانيتين، فالإيمان هو: «pistis» بينما عدما الإيمان هو «pistisa».

هناك أيضاً علاقة بين هذه الكلمة ذات الحروف الأربعة التي تشكل الجذر أي «pist» والصفة «pistos» التي تعني «أمين» أو «الذي يصدق». وعندما يتصل بها الحرف «a» يعطينا الصفة العكسية التي هي «pistos» والتي تعني «غير الأمين» أو «الذي لا يصدق».

نجد أيضاً في اللغة اليونانية خمس كلمات وما يقابلها في اللغة العربية تستخدم للتعبير عن الإيمان نقدمها بغرض التوضيح وهي كالتالي:

	الاسم	الاسم	الصفة	الصفة	الفعل
اللغة اليونانية	pistis	apistia	pistos	apistos	pisteuo
اللغة العربية	الإيمان	عدم الإيمان	أمين - يصدق دائماً	غير أمين - لا يصدق دائماً	يؤمن

هذه الكلمات الخمس تشترك في جذر الكلمة الكلمة «pist»

الذي يتكرر في كل منها . وتتكرر هذه الكلمات الخمس ما يقرب من ستمائة مرة في النص الأصلي للعهد الجديد . وبناءً على هذا وحده ، نجد أن الكلمات تقدم موضوعاً مركزياً في الإعلان الكلي للكتاب المقدس .

تعريف الإيمان

لا يناقش الأصحاح الحادي عشر من الرسالة إلى العبرانيين إلا موضوع الإيمان. وتقدم لنا الآيات الافتتاحية لهذا الأصحاح تعريفاً للإيمان باعتباره مصطلحاً يُستَخدم في الكتاب المقدس: «**وأما الإيمان فهو الثقة**[٢] **بما يُرجى والإيقان بأمور لا تُرى**» (عبرانيين ١١ : ١).

تخبرنا هذه الآية بشيئين عن الإيمان هما:

أولاً: «**الإيمان هو جوهر ما نرجوه**»، فهو أمر واقعي حتى أنه يُسمى فعلياً الجوهر (المادة). والكلمة اليونانية التي استخدمت هنا للمادة (الجوهر) «hupostasis». وهي تعني حرفياً «الذي يظل تحت» شيء آخر أو «يقدم الأساس» لشيء آخر.

اُستخدمت نفس الكلمة في (عبرانيين ١ : ٣) عند الحديث عن يسوع أنه «رسم جوهره»[٣] (جوهر الآب). والكلمة التي تُرجمت إلى «جوهر» أو «طبيعة» هي «hupostasis». وهذا

(١) تعني في الأصل «والآن الإيمان هو جوهر الأشياء التي نرجوها والدليل على وجود الأشياء التي لا نراها».
(٢) تعني في الأصل «الممثل الدقيق لطبيعته».

يعني أن الله الآب هو الواقع الأبدي وغير المرئي والمهم جداً الذي يعبر عنه يسوع المسيح الابن على نحو مرئي. عندما نطبق هذا المعنى على (عبرانيين ١١ : ١)، يمكننا أن نقول إن الإيمان هو «الواقع المهم المختلفي لما نرجوه». فالإيمان حقيقي، وهو جوهر (طبيعة).

ثانياً: الإيمان هو «الإيقان بأمور لا تُرى» (عبرانيين ١١ : ١). وبغض النظر عن الترجمة اتي نفضلها للآية فالنقطة الجوهرية هي أن الإيمان يتعامل مع ما لا يمكننا رؤيته. فالإيمان يتعلق بما هو غير مرئي.

وأكد كاتب الرسالة بعد ذلك على علاقة الإيمان بما هو غير مرئي فقال:

«بالإيمان نفهم أن العالمين أتقنت بكلمة الله حتى لم يتكون ما يُرى مما هو ظاهر» (عب ١١ : ٣).

يشير كاتب الرسالة هنا إلى التناقض بين ما يُرى وما لا يُرى، بين المرئي وغير المرئي. تربطنا حواسنا بالعالم المرئي «ما يُرى»، إلا بأن الإيمان يأخذنا لما يتجاوز المرئي ويصل لغير المرئي أي الواقع المهم المختلف الذي به تكوّن العالم كله وهي حقيقة كلمة الله.

إذاً، يرتبط الإيمان بحقيقتين واقعيتين وهما: الله نفسه

وكلمته. فلا يهتم الإيمان الكتابي سوى بهذين الموضوعين. أما في الأحاديث الدنيوية فنحن بالطبق نتحدث عن الإيمان في الاقتصاد أو في أحد الأدوية أو أحد القادة السياسيين، إلا أن الإيمان لا يُستخدم بهذه الطريقة في الكتاب المقدس. ففي الكتاب المقدس لا يرتبط الإيمان إلا بحقيقتين واقعيتين فحسب وهما الحقيقتان اللتان لا يمكننا أن نراهما بعيوننا الطبيعية وهما: الله وكلمة الله.

بالإيمان لا بالعيان

يتضح التعارض بين الإيمان والعيان مما كتبه بولس في (٢ كورنثوس ٥ : ٧) «لأَنَّنَا بِالإِيمَانِ نَسْلُكُ لاَ بِالْعَيَانِ». فإن كنا نسلك بالعيان فلن نحتاج الإيمان، وإن كنا نسلك بالإيمان فلن نحتاج العيان، فكل منهما يستبعد الآخر.

يتعارض هذا مع طريقتنا الطبيعية في التفكير. فالعالم يقول: «لا تصدق إلا ما تـراه». إلا أن الكتاب المقدس يعكس النظام كالتالي: يجب أن تؤمن أولاً وبعدها سوف نرى. وهذا المبدأ هام جداً حتى أننا سوف ندرس عدة فقرات توضحة في الأسفار المقدسة. فقد قال داود في (مزمور ٢٧ : ١٣) «لَوْلاَ أَنَّنِي آمَنْتُ

_____ ١٢ _____

بِأَنْ أَرَى جُودَ الرَّبِّ فِي أَرْضِ الأَحْيَاءِ»[٤] . فأيهما جاء أولاً الإيمان أم الرؤية؟ الإيمان هو الذي جاء أولاً . وما ينطق علينا جميعاً . فإن لم نستطيع أن نؤمن أننا سنرى جود الرب ، سوف نيأس ، فالشيء الذي يحفظنا من اليأس ليس هو ما نراه بل ما نؤمن به .

يتفق هذا مع العبارة التي قيلت عن موسى في (عبرانيين ١١ : ٢٧) «**بِالإِيمَانِ تَرَكَ مِصْرَ غَيْرَ خَائِفٍ مِنْ غَضَبِ الْمَلِكِ، لأَنَّهُ تَشَدَّدَ، كَأَنَّهُ يَرَى مَنْ لاَ يُرَى**» . لم يك في ظروف موسى المرئية في ذلك الوقت أي شيء يمكنه أن يعطيه أي رجاء أو تشجيع . إلا أنه رغم كل ما كان ضده ، تشدد لأنه استطاع أن يرى من لا يُرى . فكيف فعل هذا؟ فعل بالإيمان . فالإيمان يُمكّننا من رؤية من لا يُرى ومن ثم يجعلنا قادرين أن نتشدد عندما لا يقدم لنا العالم المرئي أي رجاء أو تشجيع .

والآن نتجه إلى ما كُتب عن إقامة لعازر من الموت في الأصحاح الحادي عشر من إنجيل يوحنا . فنقرأ :

«**قَالَ يَسُوعُ: ارْفَعُوا الْحَجَرَ قَالَتْ لَهُ مَرْثَا أُخْتُ الْمَيْتِ: «يَا سَيِّدُ، قَدْ أَنْتَنَ لأَنَّ لَهُ أَرْبَعَةَ أَيَّامٍ». قَالَ لَهَا يَسُوعُ: «أَلَمْ أَقُلْ لَكِ: إِنْ آمَنْتِ تَرَيْنَ مَجْدَ اللهِ؟**» (يو ١١ : ٣٩-٤٠) .

---

(٤) تعني في الأصل : «لولا أنني آمنت أن أرى جود الرب في أرض الأحياء لكنت قد يئست» .

ما طلبه يسوع هنا من مرثا، يطلبه من كل من يريد رؤية مجد الله، فيجب أن نؤمن أننا سنرى. فنحن لا نرى أولاً ثم نؤمن. بل نؤمن أولاً، ثم نتيجة للإيمان نرى فالإيمان يأتي قبل العيان.

نرى هنا إذاً الصراع الأساسي بين الطبيعة القديمة والطبيعة الجديدة. فالطبيعة القديمة تطلب أن ترى حيث أن الطبيعة القديمة تحيا بالحواس. يجب أن يحررنا الله من تلك الطبيعة القديمة تلك الطريقة القديمة للحياة ويأتي بنا إلى طبيعة جديدة وطريقة جديدة للحياة. وعندها سوف نقول: «أنا مقتنع لا بأن أرى. فأنا لا أسلك بالعيان بل بالإيمان».

ويواجهنا في (٢كورنثوس) مرة أخرى التناقض بين المرئي وغير المرئي:

«لأَنَّ خِفَّةَ ضِيقَتِنَا الْوَقْتِيَّةَ تُنْشِئُ لَنَا أَكْثَرَ فَأَكْثَرَ ثِقَلَ مَجْدٍ أَبَدِيّاً. وَنَحْنُ غَيْرُ نَاظِرِينَ إِلَى الأَشْيَاءِ الَّتِي تُرَى، بَلْ إِلَى الَّتِي لاَ تُرَى. لأَنَّ الَّتِي تُرَى وَقْتِيَّةٌ، وَأَمَّا الَّتِي لاَ تُرَى فَأَبَدِيَّةٌ» (٢كورنثوس ٤ : ١٧-١٨).

وتحتوي لغة بولس في هذه الآيات على متناقضات مقصودة. فهو يتحدث عن النظر إلى ما يا يرى. فكيف يمكننا فعل هذا؟ ليس هناك إلا طريق واحد وهو الإيمان!

هناك مغزى عظيم للحرف «و» في قوله: «وَنَحْنُ غَيْرُ نَاظِرِينَ إِلَى الأَشْيَاءِ الَّتِي تُرَى». فهو يؤكد على نفس الدرس الذي تعلمه موسى في اختبار التحمل والتشدُّد الذي اجتازه. فقد تعلم أنه في تدبير الله تخدم الشدائد أغراضاً مفيدة للمؤمن. فهي تشكل شخصياتنا وتقويها كما تعدنا للمجد الأبدي الذي ينتظرنا. ولكن الدرس الذي يعلمه الحرف «و» هو الآتي: لا تفيدنا الشدائد إلا عندما نُثَبِّت عيوننا على العالم غير المرئي. فإننا فقدنا رؤيتنا له وانشغلنا بعالم الزمن والحواس، لن نستطيع فيما بعد أن ننال الفوائد المرجوة من تلك الشدائد.

لذا فنحن محصورون بين عالمين: الوقتي والأبدي. فالعالم الوقتي هو ما يمكننا أن نراه فنحن نتصل به بحواسنا، أما العالم الأبدي فهو ذلك العالم الذي يريد الله أن يكون وطننا الذي نحيا فيه. ولا يمكننا أن نشعر أننا في وطننا في هذا العالم إلا بوسيلة واحدة وهي: الإيمان. **فالإيمان هو الشيء الوحيد الذي يربطنا بحقائق الله الواقعية غير المرئية وكلمته.**

الملخص

يرفعنا الإيمان فوق عالم قدراتنا الخاصة ويجعل إمكانات الله متاحة لنا. والإيمان يجعلنا نتصل بحقيقتين واقعيتين وهما: الله وكلمته. وعندما تتحقق لنا هذه العلاقة مع الله بالإيمان نتشدد ونغلب التجارب والضيقات التي تواجهنا في حياتنا اليومية، فتصبح بدورها فُرصاً يعلن بها الله جوده ومجده.

وهنا صراع مستمر بين الإيمان والعيان. فطبيعتنا القديمة تحيا في وطنها في عالم الحواس وهي تطلب أن ترى. ولكن كمؤمنين، نحتاج أن ننمي الطبيعة الجديدة التي يمكنها أن تثق بالله وكلمته دون أن تطلب أية أدلة أخرى.

٢

الإيمان مقابل الرجاء

درسنا في الفصل الأول الفرق بين الإيمان والعيان أي أن تؤمن وأن ترى. وسوف ندرس في هذا الفصل الفرق بين الإيمان والرجاء. وهنا يكمن أحد أشد مصادر سوء الفهم عند المؤمنين اليوم. فكثير من المؤمنين مكتئبين من الصلاة لأنهم لم ينالوا ما اعتقدوا أنهم يجب أن ينالوه. وكثيراً ما يكون هذا بسبب أنهم يصلّون برجاء لا بإيمان، **فما يعدنا الله أن يتحقق بالإيمان لن يتحقق بالرجاء.**

فما هو الاختلاف بين الإيمان والرجاء؟ وكيف يمكننا أن نميز بينهما؟

الإيمان في القلب

الفرق الأول الأساسي هو أن الإيمان مكانه في القلب بينما الرجاء مكانه الذهن. يقول بولس في (رومية ١٠ : ١٠) **«لأَنَّ الْقَلْبَ يُؤْمَنُ بِهِ لِلْبِرِّ»**. فالإيمان الحقيقي الذي ذُكِر في الكتاب

المقدس ينبع من القلب. ويُعَبَّر عنه في هذه الآية بفعل «يؤمن» ويتبعه حرف الجر «الـ» الذي يشير للنتيجة التي يؤدي إليها وهي: البر. والحرف الجر «لـ» يشير إلى حركة أو انتقال من نوع ما، **فالإيمان ليس أمراً جامداً ولكنه يُغَيِّر من يمتلكه طبقاً لنوع الإيمان الذي يؤمن به.**

من ناحية أخرى فالشخص الذي يقبل الحق بذهنه فقط يمكن أن يظل دون أن يحدث به أي تغيير. فالقبول الذهني للحق ليس إيماناً. يجب أن يتوغل الحق إلى ما وراء العقل الواعي أي إلى مصدر الحياة الداخلي ومركزها أي القلب حتى يتولد الإيمان. **فالحق الذي يقبله الذهن عقلياً يكون عقيماً وغير فعال أما الحق الذي يقبله القلب بالإيمان فهو يكون دائماً نشطاً ويغير الحياة.**

يحذرنا سليمان في (أمثال ٤ : ٢٣) قائلاً:

«فَوْقَ كُلِّ تَحَفُّظٍ احْفَظْ قَلْبَكَ لأَنَّ مِنْهُ مَخَارِجَ الْحَيَاةِ» فكل الأمور التي تقرر في النهاية طريقة سير حياتنا تنبع من قلوبنا. وينبع الإيمان الحقيقي كما يذكره الكتاب المقدس من القلب وهو يحدد الطريقة التي نحيا بها. **فهو ليس مجرد معلومات جافة يتمتع به الذهن، بل هو قوة حقيقية نشطة تعمل في القلب.**

وعلى أي حـال، فـالله لا يترك الذهن دون أن يمـده بما هو

مناسب له. فالإيمان الذي يعمل في القلب يُنتج الرجاء في الذهن ونرى ذلك في تعريف الإيمان الذي درسناه بالفعل والمذكور في (عبرانيين ١١ : ١) «وَأَمَّا الإِيمَانُ فَهُوَ الثِّقَةُ (جوهر) بِمَا يُرْجَى، وَالإِيقَانُ بِأُمُورٍ لاَ تُرَى» فالإيمان في القلب هو الجوهر والواقع المهم المختفي. ويقدم هذا أساساً صحيحاً مؤسساً على ما جاء في الأسفار المقدسة للرجاء الذي نتمتع به في أذهاننا.

يذكر بولس في (١تسالونيكي ٥ : ٩ المناطق المختلفة في شخصياتنا التي تتأثر بالإيمان وكذلك تلك التي تتأثر بالرجاء فهو يقول: «وَأَمَّا نَحْنُ الَّذِينَ مِنْ نَهَارٍ، فَلْنَصْحُ لاَبِسِينَ دِرْعَ الإِيمَانِ وَالْمَحَبَّةِ، وَخُوذَةً هِيَ رَجَاءُ الْخَلاَصِ» فالإيمان والمحبة هما الدرع الذي يحمي القلب. والرجاء هو الخوذة التي تحمي الرأس أو الذهن.

عندما أميز بين الإيمان والرجاء لا أقلل من قيمة الرجاء. فالرجاء بمفهوم الكتاب المقدس هو التوقع الواثق للخير أي التفاؤل الثابت والراسخ. ويحمي الرجاء أذهاننا. ويجب أن يرتدي كل مسيحي خوذة الخلاص الخاصة به لمدة أربع وعشرين ساعة يومياً. فإن وضعنا جانباً تلك الخوذة، ركزنا على الأفكار السلبية والتشاؤمات الكئيبة، فتتعرض أذهاننا لهجمات الشيطان الخبيثة.

فالرجاء المسيحي الحقيقي ليس خيالياً أو غير واقعي. وهو

ليس مجرد أفكار مبنية على الأمنيات وليس على الحقيقة والواقع. فيجب أن يكون الرجاء مؤسساً بشكل راسخ على ما ذُكِر في الأسفار المقدسة من عبارات ووعود على على أي شيء آخر. فعلى سبيل المثال تخبرنا (رومية ٨ : ٢٨) «**وَنَحْنُ نَعْلَمُ**[٥] **أَنَّ كُلَّ الأَشْيَاءِ تَعْمَلُ مَعًا لِلْخَيْرِ لِلَّذِينَ يُحِبُّونَ اللهَ، الَّذِينَ هُمْ مَدْعُوُّونَ حَسَبَ قَصْدِهِ**» فإذا كان الله يعمل كل الأشياء لخيرنا، فأين سيوجد أي مكان إلا للتفاؤل؟

لكن يجب أن نتأكد أننا نحقق شروط هذه الآية حتى يمكننا أن نطبقها على حياتنا. فهل حقاً نحب الله؟ وهل نسعى لتحقيق قصد الله لحياتنا؟ فإن كان الأمر كذلك، يعمل الله كل الأشياء أي كل الأحداث وكل المواقف معاً لخيرنا. وهذا لا يترك لذهننا إلا اتجاهاً واحداً يمكن تبنيه منطقياً، وهذا الاتجاه هو التفاؤل. وفي ضوء هذا، إن كان المؤمن متشائماً فهذا في الواقع إنكاراً لإيمانه.

يؤكد هذا المثال أن **الإيمان هو الأساس الوحيد الراسخ للرجاء.** وعلينا أولاً أن نؤمن إيماناً صادقاً بما تخبرنا به (رومية ٨ : ٢٨) وهو أن كل الأشياء تعمل معاً لخيرنا. فإن آمنا بذك لن يكون أمامنا أي بدائل أرى سوى الإيمان. أما إن لم نؤمن بهذا فلن يكون هناك أية أساس راسخ لرجائنا.

---

(٥) في الأصل «ونحن نعلم أن الله يجعل كل الأشياء تعمل معاً للخير...».

ومن هنا نرى هناك صورتين للرجاء. وهما متشابهتان خارجياً
إلا أنهما مختلفتان من جهة واحدة هامة جداً وهي أن إحدهما
مؤسس على الإيمان والأخرى غير مؤسسة على الإيمان. فتؤسس
إحدى صور الرجاء على الإيمان الخالص الذي بداخل القلب ومن
ثم فهي نافعة، وسوف تتحقق توقعاته في الوقت المناسب. أما
الصورة الأخرى للرجاء فهي غير موجودة سوى في الذهن فقط
وتفتقد لوجود أي أساس للإيمان الخالص في داخل القلب ومن ثم
ليس لها أي نفع كما ذُكِر في الأسفار المقدسة، وبالأحرى فقد
تسبب لنا الإحباط. وحتى نتعلم التمييز بين هاتين الصورتين من
صور الرجاء فسوف نصبح دائماً في خطر أن نحيا ولدينا الرجاء
الذي لن يتحقق البتة.

الإيمان يوجد في الحاضر

إذاً فالاختلاف الأساسي بين الإيمان والرجاء هو في أن الإيمان
يوجد في القلب بينما يوجد الرجاء في الذهن. أما الاختلاف
الثاني الأساسي بين الإيمان والرجاء فهو أن الإيمان يوجد في الوقت
الحاضر بينما يوجد الرجاء في المستقبل. فالإيمان هو الجوهر، أي
أنه شيء موجود بالحقيقة أما الرجاء فهو أحد التوقعات وهو شيء
بالضرورة يتطلع إلى المستقبل.

لا يمكنني أن أخبركم عن عدد الأشخاص الذي قابلتهم في سنين خدمتي وقالوا لي: «لديَّ إيمان عظيم، صَلِّ من أجلي». وأنا أتذكر أن أحدهم قال لي: «لديَّ كل الإيمان الذي في العالم»، ففكرت في ذهني مازحاً أن هذا بالحري ظلم لأنه لا يترك لنا جميعاً أي إيمان متبقي! وفي كل مرة أسمع من يقول: «لديَّ إيمان عظيم» فإنني بجدية أشعر أن قلبي يغوص في داخلي لأن خبرتي تقول لي إنهم لن ينالوا ما يدّعون الإيمان به. فقد يكونوا مخلصين تماماً أم رغباتهم فسوف تبقى بلا استجابة لأنهم يخلطون بين الإيمان والرجاء.

من السهل جداً أن يختلط الأمر عليهم لأنه كما كما رأينا من قبل فالرجاء موجود في الذهن أما الإيمان ففي القلب. ونحن نعرف جيداً ما هو في أذهاننا ولكن من الصعب أن نعرف ما في قلوبنا. فإن كان هناك شخص ما لديه توقع شديد في ذهنه فقد يظن عن طريق الخطأ أن هذا هو الإيمان إلا أنه في الواقع رجاء. بما أنه يفتقد الأسس الضرورية للإيمان فلن يرى النتائج التي يتوقعها.

تعكس خاصية الإيمان التي يمكن التنبؤ بها طبيعة القلب البشري التي لا يمكن التنبؤ بها. فأحياناً يكون لديَّ «شعور» بأنه لدي إيمان قوي ولا يحدث أي شيء. وفي أحيانٍ أخرى لا

أشعر بأي إيمان ورغم ذلك يفاجئني ما يعمله الله في هذا الموضوع ويفرحني. فنوع الإيمان الذي يمكنني أن «أشعر» به هو في العادة إيمان ذهني أي بديل عن الإيمان القلبي الحقيقي. ومن جهة أخرى ففي بعض الأحيان يمكن أن يولد في قلبي إيمان حقيقي وفعال ولا أدرك وجوده ورغم ذلك ينتج عنه نتائج تبهرني!

فالكثيرون ممن يقولون: «أؤمن أن الله سوف يشفيني» يقصدون فعلياً «أرجو أن يشفيني الله غداً». وهذا ليس إيماناً لأن الإيمان ليس للغد، فالإيمان هو شيء نمتلكه الآن. وإن ظللنا نوجه توقعاتنا نحو الغد فنحن نستبدل الإيمان بالرجاء.

منذ عدة سنوات، عندما كنت طالباً في جامعة كامبردج «Cambridge» حصلت على منحة للذهاب إلى أثنيا «Athens» لاستكمال دراساتي في الثقافة اليونانية القديمة. وسريعاً ما فقدت اهتمامي بتماثيل اليونان وآثارها وأصبحت مهتما بشكل أكبر بالشعب الذي يحيا في اليونان. سافر معي صديق من الجامعة، وفي كل صباح عندما كنا نخطو خارج الفندق الذي نقيم فيه نجد في انتظارنا مجموعة الصبية ماسحي الأحذية وكان يصرّون على تلميع أحذيتنا. وإن لم تكن قد سافرت إلى إحدى دول البحر الأبيض المتوسط فلن تعرف مدى إصرار الصبية ماسحي الأحذية. فهم لن يقبلوا الرفض إجابة لهم. ففي أول يومين أو ثلاثة عندما

كنا نغامر بالخروج من الفندق كنا نحاول أن نقول «Ochi» و نميل برؤسنا للخلف مع التعبير عن نظرة احتقال في نفس الوقت. فهذه هي الطريقة اليونانية لكي تقول: «لا»! إلا أن ذلك لم يكن له فائدة فقد كان الصبية يلمعون أحذيتنا على أي حال.

وفي اليوم الرابع حاول صديقي تنفيذ خطة مختلفة. فعندما خطونا خارج الفندق، اقترب منا الصبية لتلميع أحذيتنا كالمعتاد. فنظر صديقي إليهم في تلك المرة بشكل صارم وقال: «Avrio» فترددوا للحظة وواصلنا طريقنا. فهل يمكنك أن تخمن معنى كلمة «Avrio» إنها تعني «غداً».

بعد عدة أعوام عندما أصبحت مسيحياً تذكرت تلك الحادثة. وقد فسرت لي تلك الحادثة بشكل واضح جداً الطريقة التي يخدع بها إبليس المؤمنين. فعندما نطلب الشفاء لأنفسنا أو نصلي من أجل خلاص أحد الأحباء الذين لم ينالوا الخلاص بعد، لا يقول إبليس بوضوح إننا لن نحصل على ما نطلبه. لا يقول «لن تشفى» أو «لن ينال من تحبه الخلاص»، لأنه إن قال ذلك فلن نصغي إليه. ولكنه يقول بدلاً من ذلك «نعم سوف تنال ما تطلبه ولكن ليس اليوم بل غداً!» وبذلك لا نصل إلى اللحظة التي ننال فيها ما نطلبه. فنقبل «غداً» الذي يقدمه لنا إبليس بينما لا نقبل أبداً أبداً كلمة «لا» التي يقولها لنا! وبذلك

لا يكون لدينا إيمان بل رجاء.

وعلى أية حال فالله لا يؤجلنا للغد. فهو يقول: «**هُوَذَا الآنَ وَقْتٌ مَقْبُولٌ. هُوَذَا الآنَ يَوْمُ خَلاَصٍ**» (٢ كورنثوس ٦ : ٢). فالله يحيا في «الآن». وهو لا يعلن نفسه البتة على أنه «أنا كنت» أو «أنا سأكون» بل «أنا هو» وذلك يبني الإيمان. وعندما يتصل الإيمان بالله فهو يكون دائماً في الحاضر.

عندما نطبق هذا المبدأ على توسلاتنا لله فإن ذلك سوف يُحدِث ثورة في هذا الجانب من حياة الصلاة التي نحياها. فيسوع يخبرنا في (مرقس ١١ : ٢٤) «**لِذَلِكَ أَقُولُ لَكُمْ: كُلُّ مَا تَطْلُبُونَهُ حِينَمَا تُصَلُّونَ فَآمِنُوا أَنْ تَنَالُوهُ**[٦] **فَيَكُونَ لَكُمْ**». فمتى يخبرنا يسوع أننا ننال ما نصلي لأجله؟ هل في نقطة غير محددة في المستقبل؟ لا، بل في نفس تلك اللحظة التي نصلي فيها. فنحن نطلب وفي نفس تلك اللحظة ننال ما نطلبه. ومن ثم نعلم أن نطلبه سوف يُمنَح لنا.

ولكن يبقى «المنح» في المستقبل، أما نوال الشيء بالإيمان فهو يحدث عندما نصلي. ولأننا ننال الآن ما نطلبه بالإيمان، فإننا نعلم أنه في الوقت الذي يحدده الله سوف يمنحنا فعلياً تلك

---

(٦) في الأصل «فآمنوا أنكم نلتموه فيمنح لكم».

الأشياء التي حصلنا عليها في اللحظة التي صلينا فيها. فالإيمان بالحصول على ما نطلب هو في الحاضر بينما استعلان ما حصلنا عليه هو في المستقبل. ولكن بدون الإيمان في الحاضر لا يوجد أي تأكيد على استعلان ما نحصل عليه في المستقبل.

يضع كاتب العبرانيين في (عبرانيين ٤ : ٣) عمل الإيمان في مرحلة سابقة على الحصول عليه. فقد استخدم الزمن التام عندما قال: «**لأَنَّنَا نَحْنُ الْمُؤْمِنِينَ**[٧] **نَدْخُلُ الرَّاحَةَ**». فالإيمان يوصف هنا باعتباره شيئاً قد تم فعلياً ولا يحتاج تكراراً. ولأننا قد آمنا «**نَدْخُلُ الرَّاحَةَ**». فلا يوجد المزيد من الصراع أو القلق. ونحن نعلم أن ما حصلنا عليه بالإيمان يستعلن ويُختَبر في الوقت المناسب. فالحصول على ما آمنا به هو دورنا في الصفقة، أما إظهار هذا الذي آمنا به فهو دور الله.

---

(٦) في الأصل «لأننا نحن الذين قد آمنا ندخل تلك الراحة».

المخـلـص

يرتبط الإيمـان والرجاء معاً ارتباطاً وثيقاً، إلّا أن بينهما اختلافين مهمين.

أولاً: الإيمان ينبع من القلب أما الرجاء فنتمتع به في الذهن.

وثانياً: الإيمان يوجد في الحاضر فهو الجوهر أي شيء نمتلكه فعلياً، أما الرجاء فهو موجه نحو المستقبل فهو توقع للأشياء التي يجب أن تحدث.

ولن يخزى الرجاء المؤسس على الإيمان الحقيقي الموجود في القلب. وعلى أي حال، فبدون تلك الأسس لن توجد أية تأكيدات على حدوث ما نرجوه.

والرجاء هو الحماية التي يقدمها الله لأذهاننا، ولكنه لن يحقق لنا تلك النتائج التي وعد بها الله للإيمان فقط. فمفتاح الحصول على ما نطلب من الله هو أن نناله بالإيمان في نفس تلك اللحظة التي نتوسل فيها إلى الله بخصوصه. ويحررنا هذا من الصراع والقلق المستمرين ويأتي بنا إلى الراحة الداخلية.

٣

الإيمان باعتباره هبة

الإيمان كما وصفه العهد الجديد له عدة جوانب . فرغم أن طبيعته
الجوهرية تتفق دائماً مع التعريف المذكور في (عبرانيين ١١ : ١)
«الثِّقَةُ بِمَا يُرْجَى (جوهر ما نرجوه)، وَالإِيقَانُ بِأُمُورٍ لاَ تُرَى»، إلّا
أن هذه الطبيعة تعبر عن نفسها بمجموعة من الأشكال المختلفة
ولكنها مرتبطة ببعضها . والأشكال الثلاثة الرئيسية للإيمان هي :

١. الإيمان باعتباره هبة .

٢. الإيمان باعتباره ثمراً .

٣. الإيمان الذي به نحيا .

والشكل الثالث للإيمان هو علاقة شخصية مستمرة تصل
المؤمن مباشرةً بالله وتؤثر في كل مجالات حياته . وتقدم الحافز
والتوجيه والقوة لكل ما يفعله المؤمن . فالإيمان في الواقع هو
القاعدة والأساس الكافي لحياة البر ، ولهذا السبب أسميه «الإيمان
الذي به نحيا» .

وسوف نفحص هذا الشكل من أشكال الإيمان فحصاً مدققاً وشاملاً بدءاً من الفصل الخامس من هذا الكتاب إلى النهاية. ولكننا سنفحص أولاً في هذا الفصل طبيعة الإيمان باعتباره هبة. وبعدها سنفحص في الفصل القادم طبيعة الإيمان باعتباره ثمراً.

طبيعة الهبات الروحية

يتناول بولس الرسول في (١كورنثوس ١٢) هبات الروح القدس. وقد استهل هذا الأصحاح بعبارة «**وَأَمَّا مِنْ جِهَةِ الْمَوَاهِبِ الرُّوحِيَّةِ أَيُّهَا الإِخْوَةُ فَلَسْتُ أُرِيدُ أَنْ تَجْهَلُوا**» (آية ١) ثم وضع من الآية السابعة إلى الحادية عشر قائمة سجل فيها تسع هبات متنوعة:

«وَلكِنَّهُ لِكُلِّ وَاحِدٍ يُعْطَى إِظْهَارُ الرُّوحِ لِلْمَنْفَعَةِ

٨فَإِنَّهُ لِوَاحِدٍ يُعْطَى بِالرُّوحِ كَلاَمُ حِكْمَةٍ، وَلآخَرَ كَلاَمُ عِلْمٍ بِحَسَبِ الرُّوحِ الْوَاحِدِ

وَلآخَرَ إِيمَانٌ بِالرُّوحِ الْوَاحِدِ، وَلآخَرَ مَوَاهِبُ شِفَاءٍ بِالرُّوحِ الْوَاحِدِ

وَلآخَرَ عَمَلُ قُوَّاتٍ، وَلآخَرَ نُبُوَّةٌ، وَلآخَرَ تَمْيِيزُ الأَرْوَاحِ،

وَلآخَرَ أَنْوَاعُ أَلْسِنَةٍ، وَلآخَرَ تَرْجَمَةُ أَلْسِنَةٍ

وَلَكِنَّ هَذِهِ كُلَّهَا يَعْمَلُهَا الرُّوحُ الْوَاحِدُ بِعَيْنِهِ، قَاسِماً لِكُلِّ وَاحِدٍ بِمُفْرَدِهِ كَمَا يَشَاءُ» (١ كورنثوس ١٢ : ٧-١١) .

والكلمة المحورية التي تدلنا على الطبيعة المميزة لهذه المواهب وتشرحها لنا هي «إظهار» (آية ٧) . فالروح القدس نفسه الذي يسكن في المؤمن غير مرئي. أما عندما تعمل هذه المواهب في المؤمن فإن حضور الروح القدس يظهر ويستعلن للحواس البشرية. وفي جميع الأحوال فإن النتائج التي تظهر تكون في مجال الحواس، أي أنها من الممكن أن تُرى أو تُسمَع أو تُحَس.

وحيث أن هذه الهبات هي إظهارات ليست لشخصية المؤمن ذاتها بل لشخص الروح القدس داخل المؤمن، فإن جميعها خارقة للطبيعة في صفاتها. وفي جميع الأحوال تكون النتائج التي تقدمها على مستوى أعلى مما يمكن للمؤمن أن يحققه بقدرته الشخصية. ولا يمكن أن تظهر أي منها إلا لعمل الروح القدس بهذه المواهب عن طريق المؤمن أن يخرج من العالم الروحي غير المرئي ويصنع تأثيراً مباشراً على عالم المكان والزمان الطبيعي.

وقد أوضح بولس الرسول نقطتين عمليتين مهمتين بخصوص هذه المواهب. فأولاً: لا تُقسم هذه المواهب إلا على أساس تمييز الروح

القدس وطبقاً لأغراضه السامية لخدمة كل مؤمن، وليست الإرادة أو الإنجازات البشرية هي الأساس لقبول هذه المواهب الروحية.

وثانياً لقد أُعطيت هذه الهبات «**لِكُلِّ وَاحِدٍ يُعْطَى إِظْهَارُ الرُّوحِ لِلْمَنْفَعَةِ**» (آية ٧) لغرض نافع وعملي. وكما قال «بوب ممفورد» «Bob Mumford» إن مواهب الروح هي أدوات وليست لعب.

وكثيراً ما يشار إلى أن المواهب التسع تقع جميعها في ثلاثة مجموعات تشمل كل منها ثلاث مواهب:

١- **مواهب النطق:** وهي تلك المواهب التي تعمل من خلال أعضاء المؤمن الصوتية. وتشمل النبوة، والألسنة، وترجمة الألسنة.

٢- **مواهب الإعلان:** وهي تلك المواهب التي تسبب استنارة روحية. وتشمل كلام الحكمة، وكلام العلم، وتمييز الأرواح.

٣- **مواهب القوة:** وهي تلك المواهب التي تُظهر قوة الله الخارقة للطبيعة في المجال الطبيعي. وتشمل الإيمان، ومواهب الشفاء وعمل المعجزات (القوات).

ليكن لك إيمان الله

إن موهبة الإيمان التي سندرسها الآن هي الأولى في مواهب القوة الثلاث. وتتميز عن أشكال الإيمان الأخرى بحقيقة أنها إعلان سائد وخارق للطبيعة عن الروح القدس الذي يعمل في المؤمن. والكلمتان اللتان تدلان عليها هما «**سائد وخارق للطبيعة**».

نقرأ في (مت ٢١) وفي (مرقس ١١) أنها بينما كان يسوع في طريقه إلى أورشليم مصطحباً تلاميذه مر على شجرة تين بجانب الطريق. وكان يسوع يريد ثمراً وعندما وجد أن الشجرة ليست بها إلّا أوراق بلا ثمر لعنها قائلاً: «**لاَ يَأْكُلْ أَحَدٌ مِنْكِ ثَمَراً بَعْدُ إِلَى الأَبَدِ**» (مرقس ١١ : ١٤). وفي اليوم التالي، بينما كان يسوع وتلاميذه يمرون على نفس الشجرة ذُهِل التلاميذ عندما رأوا أن الشجرة قد جفت من جذورها في غضون أربع وعشرون ساعة. وعلق بطرس قائلاً: «**يَا سَيِّدِي، انْظُرْ التِّينَةُ الَّتِي لَعَنْتَهَا قَدْ يَبِسَتْ**» (آية ٢١).

فأجاب يسوع على تعليق بطرس قائلاً: «**لِيَكُنْ لَكُمْ إِيمَانٌ بِاللَّهِ**» (آية ٢٢). وهذه هي الطريقة التي ترجمت إليها هذه

المقولة. أما ما قاله يسوع فعلياً في أبسط صورة فهو «لِيَكُنْ لَكُمْ إِيمَانٌ بِاللَّهِ». وتؤكد هذه العبارة على هذا النوع الخاص من الإيمان الذي نتحدث عنه هنا وهو الإيمان باعتباره هبة. فمصدر الإيمان هو الله وليس الإنسان. وهو أحد جوانب طبيعة الله الأبدية. ويمنح الروح القدس بموهبة الإيمان هذه للمؤمن نصيباً من إيمان الله ذاته بطريقة مباشرة وخارقة للطبيعة. وهذا هو الإيمان على مستوى إلهي، وهو يعلو عن الإيمان البشري المجرد كما تعلو السماء عن الأرض.

تحدى يسوع تلاميذه بقوله: «لِيَكُنْ لَكُمْ إِيمَانٌ بِاللَّهِ» لكي يقبلوا ويمارسوا هذا النوع من الإيمان تماماً كما كان هو يفعل ذلك. وقد استمر يخبرهم بأنهم بهذا النوع من الإيمان لن يمكنهم أن يفعلوا ما رأوه يفعله مع شجرة التين فحسب، بل سيكنهم أن ينقلوا الجبل بمجرد أن يقولوا ذلك:

«اَلْحَقَّ أَقُولُ لَكُمْ: إِنْ كَانَ لَكُمْ إِيمَانٌ وَلاَ تَشُكُّونَ فَلاَ تَفْعَلُونَ أَمْرَ التِّينَةِ فَقَطْ، بَلْ إِنْ قُلْتُمْ أَيْضاً لِهَذَا الْجَبَلِ: انْتَقِلْ وَانْطَرِحْ فِي الْبَحْرِ فَيَكُونُ» (متى ٢١ : ٢١).

ولم يكن يسوع يقصر حديثه على التلاميذ عندما قال: «إِنْ كَانَ لَكُمْ إِيمَانٌ» (مرقس ١١ : ٢٣). أنه يستخدم كلمة «من» وبذلك يوسع وعده هذا لجميع المؤمنين:

«**لأَنِّي الْحَقَّ أَقُولُ لَكُمْ: إِنَّ مَنْ قَالَ لِهَذَا الْجَبَلِ انْتَقِلْ وَانْطَرِحْ فِي الْبَحْرِ، وَلاَ يَشُكُّ فِي قَلْبِهِ بَلْ يُؤْمِنُ أَنَّ مَا يَقُولُهُ يَكُونُ، فَمَهْمَا قَالَ يَكُونُ لَهُ**» (مرقس ١١ : ٢٣).

لم يضع يسوع أية حدود لهذا النوع من الإيمان. فقد كانت العبارات التي استخدمها شاملة للجميع: «**من قال .. ما يقوله .. يكون له**» وليست هناك قيود بخصوص من يتكلم أو الكلمات المنطوقة. فكل ما يهم هو طبيعة الإيمان لأنه يجب أن يكون إيمان الله.

ونرى في (لوقا ٨ : ٢٢-٢٥)، أنه بينما كان يسوع وتلاميذه يعبرون بحر الجليل في سفينة، هاجمتهم رياح عاصفة. فأيقظ التلاميذ يسوع الذي كان نائماً في مؤخرة السفينة قائلين: «**يَا مُعَلِّمُ يَا مُعَلِّمُ، إِنَّنَا نَهْلِكُ!**» (آية ٢٤). وقد استمر تسجيل الكتاب المقدس قائلاً: «**فَقَامَ وَانْتَهَرَ الرِّيحَ وَتَمَوُّجَ الْمَاءِ فَانْتَهَيَا وَصَارَ هُدُوءٌ**» (آية ٢٤).

من الواضح أن الإيمان مارسه يسوع هنا لم يكن على المستوى البشري. ففي الطبيعي لا تخضع الرياح والماء لسيطرة الإنسان. أما في وقت الاحتياج فقد نال يسوع قسماً خاصاً من الإيمان الخاص بأبيه السماوي. ثم أنجز بكلمة منطوقة بهذا الإيمان ما يعتبره الإنسان مستحيلاً وهو الهدوء الفوري للعاصفة.

عندما زال الخطر، اتجه يسوع لتلاميذه قائلاً: «**أَيْنَ إِيمَانُكُمْ؟**» (آية ٢٥). بكلمات أخرى، سألهم يسوع «لماذا لم تستطيعوا القيام بذلك؟ ولماذا يجب أن أفعل أنا ذلك؟» وقد كان يلمِّح إلى أنه كان من الممكن أن يهدئ التلاميذ العاصفة بسهولة تماماً كما كان سهلاً له وذلك لو كانوا قد مارسوا النوع الصحيح من الإيمان. إلّا أن تأثير العاصفة على حواس التلاميذ وقت الأزمة فتح الطريق أمام الخوف لكي يدخل قلوبهم وبالتالي يستبعد الإيمان. ومن ناحية أخرى فتح يسوع قلبه للآب واستقبل منه هبة الإيمان الخارقة للطبيعة التي احتاج إليها للتعامل مع العاصفة.

الكيفية لا الكمية

بعد ذلك واجه يسوع عاصفة من نوع مختلف وهي: صبي يتمرغ على الأرض في نوبة صرع وأب معذب يلتمس المساعدة. فتعامل يسوع مع هذه العاصفة كما تعامل مع تلك التي كانت في بحر الجليل، إذ نطق بكلمة إيمان جازمة مليئة بالسلطان فطرد الروح الشرير من الصبي. وعندما سأله تلاميذه عن السبب وراء عدم قدرتهم على عمل ذلك قال لهم بطريقة واضحة «**لِعَدَمِ**[٨]

(٦) في الأصل «لقلة إيمانكم».

إِيمَانِكُمْ» (متى ١٧ : ٢٠)، ثم استمر قائلاً: «لَوْ كَانَ لَكُمْ إِيمَانٌ مِثْلُ حَبَّةِ خَرْدَلٍ لَكُنْتُمْ تَقُولُونَ لِهَذَا الْجَبَلِ: انْتَقِلْ مِنْ هُنَا إِلَى هُنَاكَ فَيَنْتَقِلُ، وَلاَ يَكُونُ شَيْءٌ غَيْرَ مُمْكِنٍ لَدَيْكُمْ» (آية ٢٠).

هنا استخدم يسوع حبة الخردل معياراً للكمية. وهو يخبرنا في (متى ١٣ : ٣٢) أن حبة الخردل «أَصْغَرُ جَمِيعِ الْبُذُورِ». وبكلمات أخرى يخبرنا يسوع أنه ليس المهم كم الإيمان بل كيفته، فإن كان لأحدهم النوع الصحيح من الإيمان حتى ولو بحجم حبة الخردل، فهو كافٍ لينقل الجبال.

أعلن يسوع مرة أخر وبقرب نهاية خدمته الأرضية، وخارج قبر لعازر قوة الكلمات التي تُنطَق مصحوبة بنوع الإيمان الصحيح. فقد صرخ بصوت عظيم «لِعَازَرُ، هَلُمَّ خَارِجاً» (يوحنا ١١ : ٤٣). وقد تسبب هذا الأمر المختصر المؤيد بإيمان خارق للطبيعة في خروج ذلك الرجل، الذي كان ميتاً ومدفوناً. من قبره.

نجد النموذج للإيمان الخارق للطبيعة في عمل الخلق نفسه، فقد أخرج الله العالم إلى الوجود بإيمانه في كلمته الخاصة «بِكَلِمَةِ الرَّبِّ صُنِعَتِ السَّمَاوَاتُ، وَبِنَسَمَةِ (حرفياً بروح) فِيهِ كُلُّ جُنُودِهَا. لأَنَّهُ قَالَ فَكَانَ. هُوَ أَمَرَ فَصَارَ» (مزمور ٣٣ : ٦و٩). فقد كانت كلمة الله المنطوقة والمؤيدة بروحه هي العامل الفعّال في كل الخليقة.

فعندما تكون موهبة الإيمان فعّالة يصبح الإنسان لفترة ما قناة تنقل إيمان الله نفسه. فلا يهم من الذي يتحدث بل المهم هو الإيمان المعبر عنه. وإن كان إيمان الله نفسه هو الذي يعمل فهو فعّال سواء نطق الله الكلمات بفمه أم نطقها الروح القدس مستخدماً فم أحد المؤمنين. فطالما كان هذا الإيمان الإلهي يعمل في المؤمن فإن كلماته لهذا نفس الفاعلية كما لو أن الله نفسه هو الذي قالها، فالمهم هو الإيمان لا الإنسان.

في الأمثلة التي درسناها حتى الآن، كان هذا الإيمان الخارق للطبيعة معبراً عنه بكلمة منطوقة. فبكلمة منطوقة جعل يسوع شجرة التين تجف، وبكلمة منطوقة هَدَّأ العاصفة، وطرد الروح الشرير من الصبي المصاب بالصرع، وأقام لعازر من القبر. وقد قال يسوع هذا في (مرقس ١١ : ٢٣) عن أي كلمة منطوقة بالإيمان «**من قال ... ما يقوله ... يكون له**».

أحياناً تكون الكلمة المنطوقة في الصلاة قناة توصل هبة الإيمان. فنحن نعرف من (يعقوب ٥ : ١٥) أن «**وَصَلاَةُ الإِيمَانِ تَشْفِي (أو تُخَلِص) الْمَرِيضَ**». فليس هناك أي مكان للشك في فاعلية صلاة الإيمان. كما أن نتائجها مضمونة، فالصلاة التي نصليها بالإيمان الذي يعطيه لنا الله لا يمكن مقاومتها. ولا يمكن للمرض أو لأية حالة أخرى تناقض عمل الله أن تقاومها.

وقد ذكر يعقوب إيليا ليعطي مثالاً لإنسان صلى «صلاة إيمان». فقد أوقف إيليا بصلاته المطر عن النزول لمدة ثلاث سنوات ونصف ثم جعل المطر ينهمر بعد ذلك (يعقوب ٥ : ١٧-١٨). تشير الأسفار المقدسة إلى أن منح الأمطار أو منعها هو امتياز يمارسه الله نفسه انظر مثلاً (تثنية ١١ : ١٣-١٧ وإرميا ٥ : ٢٤ وإرميا ١٤ : ٢٢). ومع ذلك فقد مارس إيليا لمدة ثلاث سنوات ونصف ذلك الامتياز نيابة عن الله. وقد أكد يعقوب أن إيليا كان «آلاَمِ مِثْلَنَا» (يعقوب ٥ : ١٧)، فقد كان إنساناً مثلنا جميعاً. ولكنه طالما كان قادراً أن يصلي وله إيمان الله فإن الكلمات التي نطق بها كانت لها نفس الفاعلية التي للأوامر التي يصدرها الله نفسه.

وعلى أية حال، لا يحتاج إيمان من هذا النوع أن يعمل بالكلمات المنطوقة فقط. فإنه بهذا النوع عينه من الإيمان استطاع يسوع أن يمشي على الأمواج الهائجة في بحر الجليل (انظر متى ١٤ : ٢٥-٣٣). وهو لم يحتاج في هذه الحالة لأن يتكلم، فقد مشى ببساطة على المياه. تبع بطرس مثال يسوع ومارس نفس النوع من الإيمان. مما جعله قادراً أن يفعل تماماً نفس الشئ الذي فعله يسوع. أما عندما حاول نظره عن يسوع إلى الأمواج، فقد فارقه إيمانه وبدأ يغرق!

فسر التعليق الذي قاله يسوع ما حدث : «يَا قَلِيلَ الإِيمَانِ، لِمَاذَا شَكَكْتَ؟» (مت ١٤ : ٣١) . فيسوع لم يوبخ بطرس لأنه أراد أن يمشي على الماء. ولكنه وبخه على فقدانه للإيمان في وسط سيره على الماء، وقد أشار «دون باشام» «Don Basham» وهو مؤلف عدة كتب عن قوة الروح القدس، إلى أن هناك دافع إلهي مغروس في قلب كل إنسان لكي يقفز خارجاً في إيمان خارق للطبيعة ويسير على مستوى أعلى من قدراتنا الخاصة. وحيث أن الله نفسه هو الذي وضع ذلك الدافع في الإنسان فهو لا يوبخنا عليه، بل على العكس هو يريد أن يعطينا الإيمان الذي يجعلنا قادرين أن نفعل هذه الأشياء. لا يشعر الله بخيبة أمل عندما نطلب ونتمسك بمثل هذا النوع من الإيمان بل عندما لا نتمسك به بالدرجة الكافية.

يبدأ الله بالمبادرة

يعطي الله هذا النوع الخارق للطبيعة من الإيمان في ظرف خاص ولتسديد احتياج خاص، فيظل تحت سيطرة الله المباشرة. ويجب أن يظل كذلك لأنه الإيمان الخاص بالله، وهو يمنحه أو يمنعه حسب استحسانه. وهذا النوع من الإيمان وكذلك الهبات الأخرى الخارقة للطبيعة يشملها ما قاله بولس الرسول: «وَلَكِنَّ

هَذِهِ كُلَّهَا يَعْمَلُهَا الرُّوحُ الْوَاحِدُ بِعَيْنِهِ، قَاسِماً لِكُلِّ وَاحِدٍ بِمُفْرَدِهِ كَمَا يَشَاءُ» (١كورنثوس ١٢ : ١١). والعبارة التوضيحية هنا هي «**كَمَا يَشَاءُ**»، فالله نفسه هو الذي يحدد متى يمنح كل هذه الهبات الروحية ولمن يمنحها، فالمبادرة في يد الله لا الإنسان.

وقد كان هذا صحيحاً حتى في خدمة يسوع نفسه. فهو لم يلعن كل شجرة تين لم تعطِ ثمراً، وهو لم يهدئ كل عاصفة. كما لم يُقِم كل ميت من قبره. كذلك لم يكن يمشي دائماً على الماء، فقد كان حريصاً أن يترك زمام المبادرة في يد أبيه. قال في (يوحنا ٥ : ١٩) «**لاَ يَقْدِرُ الابْنُ أَنْ يَعْمَلَ مِنْ نَفْسِهِ شَيْئاً إِلاَّ مَا يَنْظُرُ الآبَ يَعْمَلُ، لأَنْ مَهْمَا عَمِلَ ذَاكَ (الآب) فَهَذَا يَعْمَلُهُ الابْنُ كَذَلِكَ**» وكذلك قال الرب يسوع في (يوحنا ١٤ : ١٠) «**الْكَلاَمُ الَّذِي أُكَلِّمُكُمْ بِهِ لَسْتُ أَتَكَلَّمُ بِهِ مِنْ نَفْسِي**[٩]**، لَكِنَّ الآبَ الْحَالَّ فِيَّ هُوَ يَعْمَلُ الأَعْمَالَ**». فقد كانت المبادرة دائماً من الآب.

يجب أن نتعلم أن نمجد ونكرم الآب ونكون حريصين في علاقتنا معه تماماً كما كان يسوع يفعل ذلك. فموهبة الإيمان ليست ملكاً لنا حتى نتحكم فيها. وكذلك لا يُقصَد بها أن تُشبع أهوائنا أو طموحاتنا الشخصية، فهي تتاح لنا وفقاً لتمييز الله لتنجز نتائج تنبع من مقاصد الله الأبدية. ولا يمكننا أن ننتزع

---

(٩) في ترجمة أخرى «الكلام الذي أكلمكم به بمبادرتي الخاصة...».

المبادرة من الله، كما لا يجب أن نحاول ذلك. وحتى إن سمح الله لنا أن نفعل ذلك فسيصبح ذلك، في النهاية لخسارتنا.

وبما أن موهبة الإيمان قد تم تصويرها بأنها مثل حبة الخردل، فهي تشبه اثنتين من مواهب الإعلان وهما: كلام الحكمة وهو الذي يعطي التوجيهات، وكلام العلم وهو الذي يعطي المعلومات. فالله لديه كل الحكمة وكل العالم ولكنه لحسن حظنا لا يرهقنا بهما دائماً. ولكننا عندما نكون في موقف معين نحتاج فيها للتوجيه فهو يمحنا جزءاً من كلام الحكمة بطريقة خارقة للطبيعة وتكون تماماً مثل «حبة الخردل» واحدة من مخازنه الكاملة للعلم.

وكذلك الأمر بالنسبة لموهبة الإيمان، فالله لديه كل الإيمان ولكنه لا يمنحه كله لنا. وعندما نكون في أحد الموقف التي نحتاج فيها لإيمان على مستوى أعلى من إيماننا الخاص، يمنحنا الله جزءاً من الإيمان مثل «حبة الخردل» من مخازنه الخاصة الكاملة. وبمجرد أن يتم تسديد ذلك الاحتياج الخاص، يسترد الله إيمانه ويتركنا لنمارس إيماننا مرة أخرى.

معدات التبشير

يرتبط الإيمان كما رأينا من قبل بالموهبتين الأخريتين من مواهب الإيمان وهما موهبة الشفاء وعمل المعجزات (القوات). وعملياً تعمل موهبة الإيمان عمل المادة المحفزة لتنشيط عمل الموهبتين الأخرتين. وقد أوضحت خدمة فيلبس في السامرة هذا الأمر كما يصفه لنا سفر الأعمال:

«فَانْحَدَرَ فِيلُبُّسُ إِلَى مَدِينَةٍ مِنَ السَّامِرَةِ وَكَانَ يَكْرِزُ لَهُمْ بِالْمَسِيحِ.

وَكَانَ الْجُمُوعُ يُصْغُونَ بِنَفْسٍ وَاحِدَةٍ إِلَى مَا يَقُولُهُ فِيلُبُّسُ عِنْدَ اسْتِمَاعِهِمْ وَنَظَرِهِمُ الآيَاتِ الَّتِي صَنَعَهَا.

لأَنَّ كَثِيرِينَ مِنَ الَّذِينَ بِهِمْ أَرْوَاحٌ نَجِسَةٌ كَانَتْ تَخْرُجُ صَارِخَةً بِصَوْتٍ عَظِيمٍ، وَكَثِيرُونَ مِنَ الْمَفْلُوجِينَ وَالْعُرْجِ شُفُوا.

فَكَانَ فَرَحٌ عَظِيمٌ فِي تِلْكَ الْمَدِينَةِ» (أعمال ٨: ٥-٨).

أخرج فيلبس أرواحاً نجسه في المرحلة الأولى من خدمته. وكما رأينا من مثال يسوع في (متى ١٧: ١٤-٢١) ومن غيره من أمثلة فقد كانت الأرواح النجسة تُطرَد بالكلمة المنطوقة بممارسة موهبة الإيمان. وبدأت الموهبتان الأخرتان، من مواهب

القوة، في العمل في المرحلة الثانية لخدمة فيلبس، ونتج عن ذلك حدوث المعجزات وشفاء المفلوجين والعرج.

وقد أُطلِق على فيلبس في (أعمال ٢١ : ٨) لقب «المبشر». ولم يقدم لنا العهد الجديد إلا نموذجين لخدمة المبشر وهما: خدمة يسوع نفسه، وخدمة فيلبس. ونجد في كلتا الحالتين تأكيداً شديداً على إخراج الأرواح الشريرة الذي كان يتبعه معجزات وحالات شفاء كثيرة. فمواهب القوة الثلاث التي هي الإيمان، والمعجزات (الآيات)، والشفاء تُشَكل معاً المعدات الخارقة للطبيعة التي يصدق عليها العهد الجديد لخدمة المبشر.

المخلص

موهبة الإيمان هي إحدى مواهب الروح القدس التسع التي ذكرها بولس الرسول في (١كورنثوس ١٢ : ١١-١٧). وكل هذه المواهب هي إظهار خارج للطبيعة للروح القدس الذي يسكن في المؤمن ويعمل بواسطته.

يهب الروح القدس بموهبة الإيمان للمؤمن جزءاً من إيمان الله الخاص لفترة مؤقتة. وهذا هو الإيمان على مستوى إلهي وهو يعلو جداً عن المستوى البشري. لا يهم مقدار الإيمان بل كيفيته.

لأن «حبة الخــردل» من هذا النوع من الإيمـان تكفي لنقل جبل .

وتعمل موهبة الإيمـان كثيراً بالكلمة المنطوقة ولكنها لا تنحصر فيها . وقد تُنطَق مثل هذه الكلمة في الصلاة . وقد جعل يسوع بهذه الموهبة شجرة التين تجف ، وهدّأ عاصفة في البحر ، كما أخرج روحاً شريراً من صبي مصاب بالصرع ، وأقام لعازر من قبره ، وسار على الأمواج الهائجة .

وضع الله في الإنسان دافعاً لممارسة هذا النوع من الإيمان . ومن ثم فهو لا يوبخنا على عمل ذلك ، بل بالحري يضايقه انصرافنا عنه سريعاً . وعلى أي حال فكما كان يحدث في خدمة يسوع يجب أن تظل المبادرة دائماً مع الله .

يمكن لموهبة الإيمان أن تعمل عمل المادة المحفزة للمواهب المتصلة بها أي الشفاء والمعجزات . وعندما تنضم هذه المواهب معاً تصبح المعدات التي يصدق عليها العهد الجديد لخدمة المبشر .

٤

الإيمان باعتباره ثمراً

رأينا في الفصل السابق الأسلوب الذي يعمل به الإيمان كأحد المواهب الروحية التسع الذي ذكرها بولس الرسول (١ كورنثوس ٧ : ١١) وسنرى في هذا الفصل كيفية عمل الإيمان عندما يكون أحد الأشكال التسعة للثمار الروحية التي ذكرها بولس في (غلاطية ٥ : ٢٢-٢٣) «وَأَمَّا ثَمَرُ الرُّوحِ فَهُوَ: مَحَبَّةٌ، فَرَحٌ، سَلاَمٌ، طُولُ أَنَاةٍ، لُطْفٌ، صَلاَحٌ، إِيمَانٌ، ٢٣وَدَاعَةٌ، تَعَفُّفٌ[١٠]» .

الإيمان هو الشكل السابع من الثمار المذكورة. وتقدم الطبعات الحديثة للكتاب المقدسة عدة ترجمات لهذه الكلمة، مثل: «الأمانة»، «الإخلاص» و«الثقة». وعلى أي حال فالكلمة اليونانية التي استخدمها بولس هنا هي «pistis». وكما رأينا في الفصل الأل فهي الكلمة الأساسية المستخدمة للإيمان في العهد الجديد كله.

(١٠) في الأصل «الاعتدال وضبط النفس».

وقبل أن نبدأ في دراسة هذا الشكل المميز من الثمر سيساعدنا أولاً أن نتأمل بعمق في العلاقة بين المواهب والثمار على نحو عام. فما هو الاختلاف بينهما؟

المواهب في مقابل الثمار

أحد طرق التركيز على الاختلاف في تخيل صور لشجرة الكريسماس وبجوارها شجرة تفاح. وأنا أتحدث عن شجرة كريسماس مثبت عليها الهدايا. فهو أمر شائع في بعض الأماكن أن تُثَبّت الهدايا على شجرة الكريسماس بدلاً من وضعها أسفل الشجرة. وبهذه الطريقة تقدم شجرة الكريسماس هباتاً بينما تقدم شجرة التفاح ثماراً.

ففي حالة شجرة الكريسماس، يتم تثبيت الهبة على الشجرة وأزالتها بعمل واحد مختصر. وقد تكون الهبة رداءً بينما الشجرة هي شجرة تنوب[11]. فليس هناك علاقة مباشرة بين الشجرة والهبة. ولا تخبرنا الهبة بأي شيء عن طبيعة الشجرة التي تؤخذ منها.

بينما هناك من الجهة الأخرى اتصال مباشر بين التفاحة

(١١) هي الشجرة الأصلية التي تؤخذ منها أشجار الكريسماس أو تُصنع شبهها.

والشجرة التي تحملها. وتحدد طبيعة الشجرة طبيعة الثمرة التي تقدمها وكُلاً من نوعها وجودتها. ولا يمكن تحمل شجرة التفاح برتقالة. وتعطي الشجرة الصحيحة ثماراً صحيحة والشجرة غير الصحيحة تعطي ثمراً غير صحيح. (انظر متى ٧: ١-٢٠). ولا ينتج الثمر على شجرة التفاح بعمل واحد بد الحري هو نتيجة لعملية نمو وتطور ثابتة ومستمرة، فلابد وأن نولي الشجرة عناية خاصة لكي تقدم أجود الثمار. وهذا يتطلب وقتاً، ومهارةً، وجهداً.

لنطبق هذا التشابه الجزء على العالم الروحي. فكل من منح الهبة واستقبالها يتم بتعامل واحد مختصر. ولا يخبرنا أي شيء عن طبيعة ن يمارسها. ومن الجهة الأخرى تعبر الثمار الروحية عن طبيعة الحياة التي أثمرتها، أي أنها لا تأتي إلا نتيجة لعملية نمو. ويجب أن نعطي الحياة عناية خاصة من خلال الوقت والمهارة والجهد لكي نحصل على أجود الثمار.

يمكنني أن أصف الاختلاف بطريقة أخرى بأن أقول إن المواهب تعبر عن القدرة بينما تعبر الثمار عن الصفة الشخصية. فأيهما أكثر أهمية؟ على المدى البعيد تكون الصفحة الشخصية أكثر أهمية من القدرة. فممارسة الموهبة أمر مؤقت. وكما شرح بولس في (١كورنثوس ١٣: ٨-١٣)، سيأتي الوقت الذي لا يكون فيه

احتياج للمواهب. أما الصفات الشخصية فهي التي تحدد كيف سنكون في الأبدية، فيوماً ما سوف نترك مواهبنا وراءنا أما صفاتنا الشخصية فسوف تظل معنا إلى الأبد.

وعلى أية حال، لسنا بحاجة إلى اختيار أحداهما على حساب الأخرى. فالمواهب لا تستبعد الثمار كما لا تستبعد الثمار المواهب.. بل بالأحرى الهدف هو أن يكمل كل من الثمار والمواهب بعضهما البعض. ومن الممكن أن تقدم المواهب تعبيراً عملياً عن الصفات الشخصية، وذلك مثلما قدمت تعبيراً كاملاً تماماً في شخص يسوع نفسه. فقد عبرت أقصى ممارسة ممكنة للمواهب الروحية عن صفاته الشخصية ـ المحبة الشفوقة. ولم يتمكن من تسديد احتياجات هؤلاء الذين جاء ليخدمهم إلا من خلال المواهب مُعبراً لهم بالتمام عن طبيعة أبيه السماوي الذي جاء لينوب عنه (انظر يوحنا ١٤ : ٩ـ١٠).

يجب أن نسعى لاتباع نموذج المسيح، فكلما اكتسبنا المميزات التي اتصف بها يسوع أي المحبة، والعناية، والشفقة كلما زادت حاجتنا لنفس المواهب التي مارسها من أجل أن نعطي تعبيراً عملياً عن هذه الميزات. وكلما كنا مجهزين بهذه المواهب على نحو كامل كلما عَظُمت قدرتنا على إعطاء المجد لله أبينا تماماً مثلما فعل يسوع.

إذاً، فالثمار هي تعبير عن الصفات الشخصية. وعندما توجد الأشكال التسع جميعاً التي للثمار الروحية وتنمّي بالتمام تماماً الصفات الشخصية المسيحية، فكل من أشكال الثمار يشبع احتياجاً معيناً وكل منها يكمل الباقين. ويمكننا بهذا التمام أن ننظر لثمرة الإيمان من جانبين، ويتطابق هذان الجانبان مع استخدامين متصلين للكلمة اليونانية «pistis». رغم اختلافهما الأول هو الثقة، بيما الآخر هو الجدارة بالثقة.

الإيمان بصفته الثقة

الجانب الأول للإيمان باعتباره ثمراً هو الثقة. وتترجم طبعة أورشليم للكتاب المقدس «Jerusalem bible» كلمة «pistis» إلى «مفعم بالثقة». وقد أكد يسوع مراراً وتكراراً أن أحد متطلبات الذين سيدخلون الملكوت هو أن يصيروا مثل طفل صغير (انظر متى ١٨ : ١-٣، ١٩ : ١٣-١٤ ومرقس ١٠ : ١٣-١٥ ولوقا ١٨ : ١٥-١٧). وربما لا توجد صفة تتسم بهذا الطفولة على نحو خاص أكثر من أنها مفعمة بالثقة. ورغم ذلك نجدها أحد الصفات المميزة التي نراها في تمامها في أكثر رجال الله نضجاً وهم رجال، مثل إبراهيم، وموسى، وداود، وبولس. وبهذا نصل إلى نتيجة

أن الدرجة التي ننمي إليها إمتلاءنا بالثقة هي أحد المعايير الجيدة لنضجنا الروحي.

يمكن لثمرة الإيمان أن توصف على نحو أكثر كمالاً من هذا الجانب الملء بالثقة على أنها الثقة المطمئنة، والثابتة، وغير المتذبذبة في صلاح الله وحكمته وأمانته. فمهما كانت التجارب أو الكوارث الظاهرية التي قد نواجهها، فسوف يظل من قام برعاية هذا النوع من الثما هادئاً ومطمئناً في وسطها جميعاً، فلديه ثقة لا تهتز بأن الله لا يزال يسيطر علي كل موقف سيطرة كاملة وأن الله ينفذ مقاصده لبركة كل ابن من ابنائه باستخدام الظروف المختلفة.

التعبير الظاهر لهذا النوع من الثقة هو الثبات. وقد وضع داود صورة جميلة له في (مزمور ١٢٥ : ١): «اَلْمُتَوَكِّلُونَ عَلَى الرَّبِّ مِثْلُ جَبَلِ صِهْيَوْنَ الَّذِي لاَ يَتَزَعْزَعُ، بَلْ يَسْكُنُ إِلَى الدَّهْرِ». قد تهتز جميع جبال الأرض وتتزعزع حتى أنها قد تنتقل كلية إلا واحد، فلن يهتز جبل صهيون أبداً. فقد اختاره الله مسكناً خاصاً له وسوف يثبت وحده للأبد.

هكذا يكون الأمر مع المؤمن الذي تعلم أن يثق. فقد يسمح الآخرون هنا وهناك للرعب بالدخول إلى حياتهم، أما هو فيبقى آمناً مطمئناً «أَسَاسُهُ فِي الْجِبَالِ الْمُقَدَّسَةِ» (مزمور ٧٨ : ١).

في عام ١٩٦٠، حيث كنت أعمل مديراً لإحدى كليات تدريب المرسين الأفارقة في كينيا الغربية، أصيبت إحدى الطالبات وكان اسمها أنيتا «Agneta» بمرض التيفود، فزرتها وزوجتي في المستشفى ووجدتها مريضة للغاية. وكانت في غيبوبة عميقة. فصليت إلى الله أن يجعلها تفيق من تلك الغيبوبة فترة تكفي للتحدث معها. وبعد ذلك بلحظة، فتحت عينيها ونظرت إليَّ.

فقلت لها: «يا أنيتا. هل أنت واثقة أن نفسك في أمان بين يدي الله؟»

فأجابتني بصوت واضح وثابت: «نعم» ثم دخلت فوراً في غيبوبة مرة أخرى. ولكنني كنت راضياً. فقد كانت تلك الكلمة الوحيدة نعم هي كل ما احتاجت أن تقول واحتجت أنا أن أسمعه. فقد عبرت عن ثقة عميقة لا يمكن لأمرٍ في العالم أن يزعزعها أو يطيح بها.

المفتاح لهذا النوع من الثقة هو التسليم. فمنذ حوالي سنة قامت أنيتا في حضوري بتسليم حياتها تسليماً واضحاً شخصياً ليسوع المسيح. وهي لا تحتاج الآن ـ في ساعة التجربة التي ربما تكون نفس أعتاب الأبدية ـ إلى تسليم إضافي. لا تحتاج إلا الراحة في ذلك التسليم وهو الذي يشمل كُلاً من الحياة والموت وكُلاً من الزمن والأبدية.

استجاب الله في وقته، لصلوات زملائها وأقامها في صحة كاملة مرة أخرى. ونتيجة لتلك الثقة الكبيرة استطاعت أن تقبل تأثير الصلاة التي قدمها زملاؤها نيابةً عنها.

قال داود في (مزمور ٣٧ : ٥) «**سَلِّمْ**[١٢] **لِلرَّبِّ طَرِيقَكَ وَاتَّكِلْ عَلَيْهِ وَهُوَ يُجْرِي**» وهنا يُطلَب منا شيئين: الأول هو فعل «سلم»، والثاني اتجاه «ثق (اتكل)». ويؤدي فعل التسليم إلى اتجاه الثقة. وقد أكد داود لنا أننا طالما كنا مستمرين في هذا الاتجاه للثقة، فإن الله «يجري (يفعله)». وبكلمات أخرى ينجز الله الأشياء التي نسلمها له. وهذا الاتجاه المستمر للثقة من جانبنا هو الذي يحفظ تلك القناة مفتوحة، والتي بها يستطيع الله أن يتدخل في حياتنا وينجز ما هو احتياج للعمل، أما إن تخيلنا عن ثقتنا به فإننا نغلق تلك القناة ونعيق استكمال ما بدأ الله في عمله لنا.

ويشبه تسليم أحد الأمور لله أخذ مبلغ من المال وإبداعه في حسابك في البنك. فبمجرد حصولك على إيصال استلام المبلغ من أمين الخزينة لا تقلق بخصوص أمان أموالك. فهي لم تعد مسئوليتك بل مسئولية البنك. ومن المثير للسخرية أن الناس لا يجدون صعوبة في الثقة بالبنك ولكنهم يجدون صعوبة في الثقة بالله بشأن أمر حيوي وهام أودعوه بين يديه.

---

(١٢) في الأصل «سلم للرب طريقك وثق به وهو يفعله».

يوضح مثال الإبداع في البنك أحد العوامل المهمة في تقديم تسليم ناجح. فعندما تخرج من البنك، تحمل معك إيصالاً يوضح تاريخ ومكان وديعتك ومبلغها.

ولا يوجد أي ارتياب في ذلك. وهكذا أيضاً يجب أن تكون محدداً بشأن تلك الأشياء التي سلمها لله، فجيب أن تعرف دون أي ظل شك كل ما سلمته ومتى وأين تم التسليم. كما تحتاج «للإيصال» الرسمي الذي يقدمه الروح القدس، يُقر فيه بأن الله قد قبل تسليمك وتكريسك له.

يجب أن نتعهد الثقة بالرعاية

الثقة مثل جميع أشكال الثمار فهي تحتاج للرعاية. إذ تمر بعدة مراحل للنمو قبل أن تصل إلى النضج الكامل. وقد أوضحت كلمات داود في (مزمور ٦٢) تنمية الثقة إيضاحاً كاملاً. فقد قال في (آية ٢): «إِنَّمَا هُوَ (الله) صَخْرَتِي وَخَلاَصِي مَلْجَإِي. لاَ أَتَزَعْزَعُ كَثِيراً» أما في الآية ٦، فقد قال داود بين (آية ٢ وآية ٦) في مسيرته من «لا أتزعزع كثيراً» إلى «فلا أتزعزع» البتة.

يجب أن نكون أمناء في الحديث عن أنفسنا تماماً كما كان داود. فقبل أن تصل ثقتنا إلى النضج يكون أفضل ما يمكننا قوله

هو «لا أتزعزع كثيراً». فسوف تزعزنا المشاكل والمقاومات في هذه المرحلة التي يمكننا أن نقول فيها «فلا أتزعزع أبداً». فلا يوجد ما يمكنه أن يزعزعنا ثانية.

وتوجد الثقة التي بهذا النوع في مجال الروح وليس المشاعر. ويمكننا أن نعود ثانية، لشهادة داود الخصية ليتضح لنا ذلك فهو يقول للرب في (مزمور ٥٦ : ٣) «فِي يَوْمِ خَوْفِي أَنَا عَلَيْكَ أَتَّكِلُ [١٣]». وهنا يدرك داود عمل سلطتين متصارعتين في نفسه في نفس الوقت وهما: الثقة والخوف. وعلى أية حال، فالخوف يكون سطحياً في المشاعر بينما تكون الثقة أعمق منه في الداخل أي في الروح.

وتشبه الثقة الناضجة نهراً عميقاً وقوياً يتخذ طريقه نحو البحر بلا هوادة. وقد تهب رياح الخوف أو الشك عكس اتجاه النهر وتضرب أمواجها المزبدة على سطحه، إلّا أن هذه الرياح والأمواج لا يمكنها أن تغير من ذلك التدفق العميق والمستمر للمياه تحت السطح وكذلك لا يمكنها أن تعيقه، فهي تتبع المسار الذي حدده لها قاع النهار إلى مقصدها في البحر. وتقدم كلمات الرسول بولس وصفاً جميلاً للثقة في كمال نضجها فيقول:

---

(١٣) في الأصل «عندما أخاف سأضع ثقتي فيك».

«لِهَذَا السَّبَبِ أَحْتَمِلُ هَذِهِ الأُمُورَ أَيْضاً. لَكِنَّنِي لَسْتُ أَخْجَلُ، لأَنَّنِي عَالِمٌ بِمَنْ آمَنْتُ، وَمُوقِنٌ أَنَّهُ قَادِرٌ أَنْ يَحْفَظَ وَدِيعَتِي إِلَى ذَلِكَ الْيَوْمِ» (٢ تموثاوس ١ : ١٢) .

كان بولس في هذه المرحلة فاشلاً بكل المقاييس العالمية، إذ انقلب ضده بعض من أكثر أصدقائه ومؤيديه. ولم يبقَ معه من جميع زملائه المقربين في العمل إلا لوقا وحده. وكان ديماس هو أحد زملائه في العمل قد هجره بالفعل وعاد إلى العالم. وكان بولس ضعيفاً وقد شاخ كما كان سجيناً مقيداً بسلاسل في أحد السجون الرومانية وينتظر محاكمة غير عادلة وتنفيذ حكم إعدام على أيد قائد قاسٍ وفاسد ومستبد. ورغم ذلك كانت كلماته تدوي بثقة هادئة لا تتزعزع: «**لَسْتُ أَخْجَلُ ... لأَنَّنِي عَالِمٌ ... آمَنْتُ ... وَمُوقِنٌ**» فقد تطلع إلى ما وراء أفق الزمن إلى يوم صافٍ بلا غيوم وهو «ذلك اليوم» الذي فيه سيكافئه قاضٍ آخر وهو القاضي البار بمنحه «**إِكْلِيلُ الْبِرِّ**» (٢ تيموثاوس ٤ : ٨) .

وقد كان الأمر مع بولس مثلما كان مع داود: فقد كانت الثقة هي نتاج عمل التسليم. وقد عبرت كلماته الخاصة عن تسليمه: «**أَنَّهُ قَادِرٌ أَنْ يَحْفَظَ وَدِيعَتِي**» (٢ تموثاوس ١ : ١٢) . فالاتكال هو نتيجة الإيمان. فقد كان بولس منذ سنوات مضت قد سلم نفسه للمسيح تسليماً نهائياً. وكانت تلك التجارب والآلام التي

حدثت نتيجة لذلك قد أثمرت تدريجياً ثقة يزداد عمقها دائماً، ووصلت إلى كمال إثمارها في زنزانة رومانية وكان لتألقها كل البريق الذي يتناقض مع مشهدها الحزين.

الإيمان بصفته الجدارة بالثقة

سنتخبر الآن الجانب الثاني للإيمان باعتباره ثمراً وهو الجدارة بالثقة. والجدارة بالثقة من وجهة نظر علم اللغة هي المعنى الأصلي لكلمة «pistis». والتعريف الأول المحدد لكلمة «pistis» الذي يقدمه قاموس «آرندت وجنجرتش» «Arndt and Gingrich» المعياري للغة اليونانية المستخدمة في كتابة العهد الجديد هو الإخلاص (الأمانة) والجدارة بالاعتماد عليه. وإن رجعنا للعهد القديم ينطبق نفس المعنى على الكلمة العبرية المستخدمة للإيمان وهي «emunah». فالمعنى المبدئي لهذه الكلمة هو «الإخلاص»، أما المعنى الثاني فهو «الإيمان». ويعطينا الفعل الذي تُشتَق منه هذه الكلمة كلمة «آمين» التي تعني «ليتحقق هذا» و«ليكُن هذا مؤكداً». فالمعنى الأساسي لها هو «راسخ ويُعتمد عليه».

ويلتقي كلا المعنيين معاً أي الثقة والجدارة بالثقة عند نقطة واحدة في شخص الله نفسه وفي طبيعته. فإن نظرنا للإيمان

باعتباره الثقة يصبح أساسه الوحيد المطلق هو جدارة الله بالثقة. فإن نظرنا للإيمان باعتباره الثقة يصبح أساسه الوحيد المطلق هو جدارة الله بالثقة. وإن نظرنا للإيمان باعتباره جدارة الله بالثقة، فلن يتحقق ذلك إلا بثقتنا بأن الروح القدس قادر أن يهبنا جدارة الله بالثقة. فالله نفسه هو كل من مصدر الإيمان والهدف منه. وجدارة الله بالثقة هي الأساس الوحيد لثقتنا كما أن ثقتنا به تثمر فينا جدارته بالثقة.

وربما لا يتم التأكيد في الأسفار المقدسة على إحدى الصفات المميزة لله بأكثر إصرار مما يحدث علي جدارته بالثقة. وتنفرد كلمة عبرية واحدة محددة بالاستخدام في العهد القديم للتعبير عن هذه الصفة وهي «chesed». وتُتَرجم هذه الكلمة في ترجمات الكتاب المقدس إلى عدة كلمات وهي «صلاح» و«لطف» و«رحمة» و«شفقة» وهكذا، إلا أنه لا توجد كلمة واحدة منها تعبر عن معناها تعبيراً كاملاً.

توجد سمتان مميزتان لصفة الله هذه «chesed» أو الجدارة بالثقة. فهي أولاً: التعبير عن نعمة الله المجانية التي توهب عن غير استحقاق، فهي تتجاوز كا ما يمكن أن يستحقه الإنسان أو يُطالب به باعتباره حقاً له، وهي ثانياً: مؤسسة دائماً على العهد الذي دخل الله فيه طوعاً. فيمكننا أن نضم هاتين السمتين معاً

بقولنا إن «chesed» هي جدارة الله بالثقة في إنجازه للالتزامات التي فرضها العهد الذي دخل فيها وبما يتجاوز كل ما يمكننا أن نستحقه أو نُطالب به.

وبذلك نجد هناك اتصالاً وثيقاً بين هذه المفاهيم الثلاثة العبرية المهمة التالية: «emunah» التي تعني الإيمان أو الأمانة (الإخلاص) و«chesed» وهي جدارة الله بالثقة و«berith» التي تعني «عهداً». وتشكل هذه الكلمات العبرية الثلاثة موضوعاً متكرراً بانتظام في عدة آيات من (مزمور ٨٩):

«أَمَّا أَمَانَتِي «emunah» وَرَحْمَتِي «chesed» فَمَعَهُ.

إِلَى الدَّهْرِ أَحْفَظُ لَهُ رَحْمَتِي «chesed» وَعَهْدِي «berith» يُثَبَّتُ «amen» لَهُ.

أَمَّا رَحْمَتِي «chesed» فَلاَ أَنْزِعُهَا عَنْهُ، وَلاَ أَكْذِبُ مِنْ جِهَةِ أَمَانَتِي «emunah».

لاَ أَنْقُضُ عَهْدِي «berith» وَلاَ أُغَيِّرُ مَا خَرَجَ مِنْ شَفَتَيَّ».

وتُظهر تلك الآية الأخيرة علاقة خاصة بين جدارة الله بالثقة وبين الكلمات التي تخرج من فمه. فالله لا يمكنه البتة أن يفعل أمرين وهما: أن ينقض عهده أو أن يغير ما قاله. وجدارة الله بالثقة التي يمنحها لنا الروح القدس سوف تثمر فينا نفس تلك الصفة، فسوف تجعلنا أشخاصاً نتسم بالاستقامة والأمانة الثابتتين.

ويسأل داود الله في (مزمور ١٥: ١) سؤالين هما: «يَا رَبُّ، مَنْ يَنْزِلُ‏[١٤] فِي مَسْكَنِكَ؟ مَنْ يَسْكُنُ فِي جَبَلِ قُدْسِكَ؟». يجيب على الأسئلة التي سألها في الآيات التالية وذلك بذكره أحد عشر صفة تميز الشخص المستقيم وهو يذكر في نهاية الآية الرابعة المطلب الأساسي التاسع وهو أنه: «يَحْلِفُ لِلضَّرَرِ وَلاَ يُغَيِّرُ». فالله يتوقع من المؤمن أن يكون صادقاً لما التزم به حتى على حساب التضحية الشخصية والعالم له طريقته للحديث عن هذا الأمر فهو يقول: «الإنسان الصالح هو من يرتبط بكلامه». والمسيحي الذي لا يُقدر كلمته ولا يوفي التزاماته لم يَحْظَ بعدُ بثمرة الجدارة بالثقة.

وبينما يطلب الله منا هذا النوع من الجدارة بالثقة في معاملاتنا مع الجميع فهو يفرض علينا إلزاماً خاصاً نحو المؤمنين الآخرين فجدارة الله بالثقة (chesed) تُؤسَس كما رأينا من قبل على عهده (berith). قد أدخلنا بيسوع المسيح إلى علاقة مؤسسة على عهد مع نفسه وكذلك مع المؤمنين الآخرين، والصفة المميزة لهذه العلاقة هي أننا نبدي لله وللمؤمنين الآخرين نفس تلك الجدارة بالثقة التي يظهرها لنا الله مجاناً بمنتهى الغنى.

وقد رأينا كيف تُؤسَس ـ جدارة الله بالثقة (chesed) التي تعبر

_____

(١٤) في الأصل «يارب من يثبت في خيمتك؟ ومن يسكن في جبلك المقدس؟».

عنها التزاماته التي يفرضها عليه عهده - على نعمته التي تتجاوز كل ما نستحقه نحن الذين نحصل عليها، وسوف تنعكس هذه النعمة أيضاً في علاقاتنا التي يتضمنها العهد مع إخوتنا من المؤمنين. ولن نحصر أنفسنا في مجرد متطلبات العدل أو بعض أشكال العقود القانونية. فسوف نكون مستعدين لتقديم الالتزام الكامل الذي قدمه الله في تأسيسه لعهده معنا، أي أن: نضع حياتنا ع بعضنا البعض. **«بِهَذَا قَدْ عَرَفْنَا الْمَحَبَّةَ: أَنَّ ذَاكَ وَضَعَ نَفْسَهُ لأَجْلِنَا، فَنَحْنُ يَنْبَغِي لَنَا أَنْ نَضَعَ نُفُوسَنَا لأَجْلِ الإِخْوَةِ»** (١يوحنا ٣: ١٦). ويوجد طريق واحد يؤدي لدخولنا في تلك العلاقة الكاملة التي يتضمنها الهد مع الله ومع بضعنا البعض، ذلك الطريق هو أن نضع حياتنا عن بعضنا البعض.

تضع لنا الأسفار المقدسة صورة مخيفة لكسر المعايير العامة للآداب والأخلاق وهي تلك الصورة التي سوف تميز نهاية الجيل الحالي:

«وَلَكِن اعْلَمْ هَذَا أَنَّهُ فِي الأَيَّامِ الأَخِيرَةِ سَتَأْتِي أَزْمِنَةٌ صَعْبَةٌ، لأَنَّ النَّاسَ يَكُونُونَ مُحِبِّينَ لأَنْفُسِهِمْ، مُحِبِّينَ لِلْمَالِ، مُتَعَظِّمِينَ، مُسْتَكْبِرِينَ، مُجَدِّفِينَ، غَيْرَ طَائِعِينَ لِوَالِدِيهِمْ، غَيْرَ شَاكِرِينَ، دَنِسِينَ، بِلاَ حُنُوٍّ، بِلاَ رِضىً، ثَالِبِينَ، عَدِيمِي النَّزَاهَةِ، شَرِسِينَ، غَيْرَ مُحِبِّينَ لِلصَّلاَحِ، خَائِنِينَ، مُقْتَحِمِينَ، مُتَصَلِّفِينَ، مُحِبِّينَ لِلَّذَّاتِ دُونَ مَحَبَّةٍ لِلَّهِ، ٥ لَهُمْ صُورَةُ التَّقْوَى

وَلَكِنَّهُمْ مُنْكِرُونَ قُوَّتَهَا. فَأَعْرِضْ عَنْ هَؤُلاَءِ» (٢ تيموثاوس ٣ : ١-٥).

يعرف قاموس ثاير «Thayer» الكلمة اليونانية التي تُرجمت إلى «بلا رضى» على أنها تشير إلى «من لا يمكن إقناعه بالدخول في عهد». وسوف يكون هذا هو اتجاه العالم أو بالتأكيد قد أصبح بالفعل بعيداً عن تلك الخواص الأدبية والأخلاقية التي يتطلبها العهد. وكلما اندفع العالم بسرعة وبأكثر عمقاً إلى الظلمة، أصبح واجباً على شعب الله أن يكونوا أكثر تصميماً من ذي قبل أن يسيروا في ضوء الشركة مع بعضهم البعض. ويجب أن نظهر أنفسنا راغبين ومؤهلين للانضمام إلى تلك العلاقات التي يتضمنها العهد وكذا المحافظة عليها، لأنها هي العلاقات التي تعتمد عليها شركة المؤمنين معاً.

ولهذا الغرض سوف نحتاج لأن نرعى ثمرة الجدارة بالثقة حتى تصل إلى تمام النضج.

المخلص

تختلف الثمار الروحية عن المواهب الروحية اختلافين أساسيين. أولاً: يمكن للموهبة الروحية أن تُمنَح وتُستَقبل بتعامل وحيد مختصر، أما الثمار فيجب أن يتم رعايتها مما يتطلب وقتاً مهارة وجهداً. وثانياً: لا ترتبط المواهب ارتباطاً مباشراً بشخصية من يمارسها، بينما الثمار هي تعبير عن الشخصية. ولكن تكون الصورة مثالية يجب أن يكون هناك توازن بين الثمار والمواهب معاً في اتحاد يمجد الله ويحفظ البشرية.

ويمكن للإيمان باعتباره أحد أشكال الثمر أن يُفهَم بطريقتين مختلفتين رغم ارتباطهما معاً وهما: باعتبره الثقة وباعتباره الجدارة بالثقة.

والاستقرار هو إظهار للثقة كما أنه يزداد كلما نضجت الثقة. ويتطلب الاستقرار العمل المبدئي للتسليم، فالإيمان يؤدي إلى الاتكال.

وتتأسس ثقتنا على جدارة الله بالثقة أو «chesed». ويظهر الله جدارته بالثقة نحونا بانجازه للالتزامات التي يفرضها عليه عهده معنا وهي تلك الالتزامات التي تتجاوز كل ما يمكننا أن نستحقه

أو نطالب به. كما أن جدارة الله بالثقة بدورها تجعلنا ذلك النوع من البشر الذي يريد ويستطيع أن ينضم إلى تلك الالتزامات التي يفرضها العهد وكذلك يصون تلك الالتزامات مع كلٍّ من الله وبعضنا البعض.

٥

الإيمان الذي به نحيا

قبل العصر المسيحي بحوالي ستة قرون أعطى الله لحبقوق النبي إعلاناً لكي يقدم البدأ الأساسي للإنجيل وهو : « وَالْبَارُّ بِإِيمَانِهِ يَحْيَا » . (حبقوق ٢ : ٤) . وتعبر هذه النبوة بأقصى دقة عن الموضوع المركزي للرسالة المسيحية حتى أنها ذُكِرت ثلاث مرات في العهد الجديد : (رومية ١ : ١٧ ، وغلاطية ٣ : ١١ ، وعبرانيين ١٠ : ٣٨) .

لا يوجد إلا مبدأ أساسي واحد وهو الإيمان

تشرح رسالة رومية نبوة حبقوق شرحاً كاملاً تاماً أكثر من غلاطية والعبرانيين. فهي في الحقيقة تقدم الموضوع الأساسي للرسالة بأكملها. ولكي نحصل على المنظور المناسب للرسالة إلى أهل رومية بأكملها ، يمكننا أن نقارنها بإحدى السيمفونيات التي ألفها أحد كبار الملحنين مثل بيتهوفين. فالآيات الخس عشر الأولى من الأصحاح الأول هي المقدمة .. ثم يقم بولس الموضوع

الأساسي في الآيتين السادسة عشر والسابعة عشر: «**أَمَّا الْبَارُّ بِإِيمَانٍ يَحْيَا**» (آية ١٧).

ثم تنقسم السيمفونية إلى ثلاثة حركات موسيقية أساسية: تتكون الأولى من الأصحاحات الأول إلى الثامن. وكان مدخل بولس في هذه الحركة الأساسية مدخلاً عقائدياً. وقد أنشأ تحليلاً مفصلاً منطقياً للموضوع الذي يطرحه، يُظهر فيه كيف يتفق ذلك الموضوع مع نبؤات العهد القديم ونماذجه. تتكون الحركة الأساسية الثانية من الأصحاحات التاسع، والعاشر، والحادي عشر. وهنا يطبق بولس الموضوع الذي يطرحه على إسرائيل. وهو يكشف كيف أعمت محاولة إسرائيل لتحقيق البر بالأعمال وليس بالإيمان، أعينهم عن المسيا الخاص بهم، وبذلك حرمتهم من البركات التي منحهم إياها الله بالمسيح. أما الحركة الأساسية الثالثة فتتشكل في الأصحاحات الثاني عشر إلى السادس عشر. وفيها يؤكد بولس على الجانب العملي. فهو يكشف أن هذا الموضوع الذي يطرحه يجب أن يتحقق بعدة أنشطة، وعلاقات، ومهام للحياة اليومية.

ولكي نُقَدر السيمفونية تقديراً مناسباً، نحتاج أن نتبين الموضوع الأساسي الذي يقدمه المؤلف في أول مرة يُذكر فيها ثم نتتبعه بحرص في كل مرة يُذكَر فيها من تلك المقطوعة كلها. وما لم نحتفظ بذلك الموضوع الأساسي في أذهاننا، لن

نُقَدِّر التعديلات والتطورات التي يجتازها في الحركات الأساسية المتتالية تقديراً كاملاً. وينطبق نفس هذا المبدأ على الرسالة إلى رومية. فيجب أن ندرك أولاً الموضوع الأساسي الذي ينساب في الرسالة كلها: «**أَمَّا الْبَارُّ فَبِالإِيمَانِ يَحْيَا**» (رومية ١ : ١٧). نحتفظ بذلك الموضوع دائماً في ذاكرتنا عندما ندرس الأقسام الأساسية في تلك الرسالة ونلاحظ كيف تنطبق على كل موضوع معين من الموضوعات التي تناقشها، وسوف يؤدي هذا إلى توحيد وثبات فهمنا للرسالة بأكلمها.

يذكر بولس في (رومية ١ : ١٦) المطلب الأساسي الوحيد لاختبار قوة الله للخلاص: «**لأَنِّي لَسْتُ أَسْتَحِي بِإِنْجِيلِ الْمَسِيحِ، لأَنَّهُ قُوَّةُ اللهِ لِلْخَلاَصِ لِكُلِّ مَنْ يُؤْمِنُ: لِلْيَهُودِيِّ أَوَّلاً ثُمَّ لِلْيُونَانِيِّ**».

والخلاص هنا متاح «**لِكُلِّ مَنْ يُؤْمِنُ: لِلْيَهُودِيِّ أَوَّلاً ثُمَّ لِلْيُونَانِيِّ**». ولا توجد أية إستثناءات فاختلاف الخلفيات الدينية أو العرقية لا يتعلق بالموضوع. فقد وضع الله في العرض الشامل للخلاص الذي يقدمه للجنس البشري مطلباً واحداً لا يتغير البتة، وهو الإيمان.

شرح بولس في الآية السابعة عشر كيف يمكن معرفة هذا الحق الخاص بالخلاص: «**لأَنْ فِيهِ (الإنجيل) مُعْلَنٌ بِرُّ اللهِ، بِإِيمَانٍ[١٥] لإِيمَانٍ، كَمَا هُوَ مَكْتُوبٌ أَمَّا الْبَارُّ فَبِالإِيمَانِ يَحْيَا**».

(١٥) في الأصل «لأن فيه مُعلن بر الله من إيمان لإيمان...».

تتكرر كلمة **الإيمان** ثلاث مرات في هذه الآية . فإعلان الله يأتي من إيمان **لإيمان** ، فهو يتولد من ذلك الإيمان الخاص بالله الذي هو الإيمان بأن كلمته ستحقق الغض الذي عينه الله لها . وهو ينتقل بإيمان من ينقل الرسالة. ويتم الحصول عليه بإيمان من يستقبل تلك الرسالة ، أما الرسالة نفسها فهي « **أَمَّا الْبَارُّ فَبِالإِيمَانِ يَحْيَا** » . فالموضوع الوحيد الذي يُطرح هنا من البداية للنهاية هو الإيمان .

لنمتحن الآن هذه الرسالة على نحو أكثر دقة. فلا يمكن أن تذكر بأكثر سهولة مما كتبها بولس : « **أَمَّا الْبَارُّ فَبِالإِيمَانِ يَحْيَا** » . ومن الواضح أن كلمة «**يَحْيَا**» في هذا السياق تعني أكثر من مجرد ممارسة حياة طبيعية جسدية . فنحن نعلم أنه حتى الأشرار والآثمين يحيون هذه الحياة. إلا أن الأسفار المقدسة تعلن لنا أن هناك نوعاً آخر للحياة وهو حياة البر التي مصدرها الله وحده، فالطريق الوحيد الذي يمكن لأي شخص أن ينال هذا النوع من الحياة هو الإيمان بيسوع المسيح .

ويؤكد يوحنا الرسول دائماً في إنجيله على هذه الحياة الإلهية الأبدية. فهو يخبرنا في البداية في (يوحنا ١ : ٤) أن يسوع «**فِيهِ كَانَتِ الْحَيَاةُ**». ثم يسجل في (يوحنا ٣ : ٣٦) شهادة يوحنا المعمدان عن يسوع : «**اَلَّذِي يُؤْمِنُ بِالابْنِ لَهُ حَيَاةٌ أَبَدِيَّةٌ**» . وبعدها يقول يسوع نفسه (يوحنا ٦ : ٤٧) «**مَنْ يُؤْمِنُ بِي فَلَهُ**

حَيَاةٌ أَبَدِيَّةٌ». ثم مرة ثانية يقول في (يوحنا ١٠ : ١٠) «**أَمَّا أَنَا فَقَدْ أَتَيْتُ لِتَكُونَ لَهُمْ حَيَاةٌ وَلِيَكُونَ لَهُمْ أَفْضَلُ**[١٦]». ويخبرنا (يوحنا ١٠ : ٢٧-٢٨) «**خِرَافِي تَسْمَعُ صَوْتِي وَأَنَا أَعْرِفُهَا فَتَتْبَعُنِي، وَأَنَا أُعْطِيهَا حَيَاةً أَبَدِيَّةً**». ثم أخيراً وبقرب نهاية إنجيله، يخبرنا يوحنا بالغرض الأساسي من كتابة إنجيله وهو: «**لِتُؤْمِنُوا أَنَّ يَسُوعَ هُوَ الْمَسِيحُ ابْنُ اللهِ، وَلِكَيْ تَكُونَ لَكُمْ إِذَا آمَنْتُمْ حَيَاةٌ بِاسْمِهِ**» (يوحنا ٢٠ : ٣١).

يعود يوحنا الرسول لهذا الموضوع في الأصحاح الخامس من رسالته الأولى:

«**وَهَذِهِ هِيَ الشَّهَادَةُ: أَنَّ اللهَ أَعْطَانَا حَيَاةً أَبَدِيَّةً، وَهَذِهِ الْحَيَاةُ هِيَ فِي ابْنِهِ.**

مَنْ لَهُ الابْنُ فَلَهُ الْحَيَاةُ، وَمَنْ لَيْسَ لَهُ ابْنُ اللهِ فَلَيْسَتْ لَهُ الْحَيَاةُ.

كَتَبْتُ هَذَا إِلَيْكُمْ أَنْتُمُ الْمُؤْمِنِينَ بِاسْمِ ابْنِ اللهِ لِكَيْ تَعْلَمُوا أَنَّ لَكُمْ حَيَاةً أَبَدِيَّةً» (١يوحنا ٥ : ١١-١٣).

من المهم أن نرى أن يوحنا الرسول استخدم زمن المضارع في كل هذه الآيات «**١٢مَنْ لَهُ الابْنُ فَلَهُ الْحَيَاةُ**» (يوحنا يضيف

(١٦) في الأصل «... لتكون حياة وتكون هذه الحياة أكثر فيضاً».

التأكيد) «**أَنْتُمُ الْمُؤْمِنِينَ ... لَكُمْ حَيَاةٌ أَبَدِيَّةٌ**» (يوحنا يضيف التأكيد).

تحدث بولس أيضاً عن هذه الحياة التي في المسيح مستخدماً عبارات مختصرة ومفعمة بالحيوية، فقد قال في (فيلبي ١ : ٢١) «**لأَنَّ لِيَ الْحَيَاةَ هِيَ الْمَسِيحُ**». وقال في (كولوسي ٣ : ٤) «**الْمَسِيحُ حَيَاتُنَا**». فقد كانت الحياة في المسيح بالنسبة لبولس كما كانت ليوحنا واقعاً مُعاشاً وليس مستقبلاً مُنتظراً.

إذاً هذا هو جوهر رسالة الإنجيل كله. فهناك حياة مصدرها الوحيد هو الله. وقد جعل الله هذه الحياة متاحة لنا بيسوع المسيح. فعندما نقبل يسوع بالإيمان في قلوبنا ونُخضِع له حياتنا في طاعة كاملة، ننال فيه حياة الله ذاته. وليست هذه الحياة شيئاً يحتفظ الله به لنا لعالم آخر أو وجود مستقبلي، بل هي شيء يمكننا أن نختبره هنا والآن «**مَنْ لَهُ الابْنُ فَلَهُ الْحَيَاةُ**» (١يوحنا ٥ : ١٢). فلنا حياة أبدية في هذه اللحظة التي نحياها وسوف تستمر إلى الأبدية. والأمر متروك لنا لكي نستمتع بها من نفس اللحظة التي نؤمن فيها بيسوع المسيح إيماناً صادقاً.

وإذا حصلنا على هذا النوع الجديد من الحياة بالإيمان في المسيح، فنحن نواجه تحدياً أن نحياها بنجاح من يوم ليوم في الحياة العملية. فكيف يمكننا أن نفعل هذا؟ الإجابة بسيطة وهي:

بالإيمان. وهذه الإجابة يشملها أيضاً الموضوع الافتتاحي لبولس الذي هو «أَمَّا الْبَارُّ فَبالإِيمَانِ يَحْيَا» (رومية ١ : ١٧). وعندما ننظر إلى الفعل «يَحْيَا» من وجهة النظر العملية نجد أنه أحد أكثر الكلمات الشاملة التي يمكننا استخدامها. فتشمل الحياة كل ما نعمله في أي وقت مثل: الأكل، والشرب، والنوم، والعمل، وأنشطة أخرى لا تُحصى ولا تُعد في الحياة، وبالإيمان يمكن لكل من هذه الأنشطة العادية أن يصبح طريقاً للتعبير عن حياة الله التي قبلناها فد داخلنا.

وكثيراً ما نفترض أن الأفعال الدنيوية التي نمارسها في الحياة اليومية ليس لها أية مغزى ولا تسمح بأي حال من الأحوال بتطبيق إيماننا. أما الأسفار المقدسة فهي تعلمنا عكس ذلك. فلن يرفعنا الله لمستوى المسئوليات الروحية الأعلى إلّا بعد تطبيق إيماننا بنجاح في المجالات المادية البسيطة. فقد وضع يسوع نفسه هذا المبدأ:

«اَلأَمينُ[١٧] فِي الْقَلِيلِ أَمِينٌ أَيْضاً فِي الْكَثِيرِ، وَالظَّالِمُ فِي الْقَلِيلِ ظَالِمٌ أَيْضاً فِي الْكَثِيرِ.

فَإِنْ لَمْ تَكُونُوا أُمَنَاءَ فِي مَالِ الظُّلْمِ، فَمَنْ يَأْتَمِنُكُمْ عَلَى الْحَقِّ؟»

---

(١٧) في الأصل «المخلص في القليل مخلص ... فمن يأتمنكم على الغنى الحقيقي».

(لوقا ١٦ : ١٠-١١).

لن يأتمنا الله على المسئوليات العظمى والغنى الروحي الحقيقي إلا بعدما نجعل إيماننا يعمل في «القليل» وفي مجال الأموال.

فبينما نختبر كيف يمكننا أن ندرب إيماننا في حياتنا اليومية سوف نضع في اعتبارنا مجالين عمليين وواقعين وهما : الطعام، والموارد المالية. وقد استنتجت من واقع ملاحظاتي الشخصية التي امتدت لسنوات، أن المؤمن الذي تعلم أن يطبق إيمانه في هذين المجالين يحيا على الأرجح حياة مسيحية ناجحة. ومن جهة أخرى، فإذا لم يضع أحدهم هذين المجالين الأساسيين تحت سيطرة الله يكون هذا عادةً مؤشراً على أن حياته بأكملها تحتاج للتعديل والضبط.

الأكل بالإيمان

ذكرت بالفعل كيف أن الحركة الأساسية الثالثة لسيمفونية رسالة رومية التي بدأت في الأصحاح الثاني عشر تؤكد على التطبيق العملي لإيماننا. فماذا يبدأ هذا التطبيق؟ هل يبدأ بشيء بعيد وسماوي؟ كلا ! بل يبدأ على العكس من ذلك في أول آية من ذلك الأصحاح بأجسادنا.

«فَأَطْلُبُ إِلَيْكُمْ أَيُّهَا الإِخْوَةُ بِرَأْفَةِ اللّهِ أَنْ تُقَدِّمُوا أَجْسَادَكُمْ ذَبِيحَةً حَيَّةً مُقَدَّسَةً مَرْضِيَّةً عِنْدَ اللّهِ، عِبَادَتَكُمُ الْعَقْلِيَّةَ[١٨]» (رومية ١٢ : ١).

وقد أخبرنا بولس أن «خدمتنا الروحية للعبادة» معناها أن نقدم أجسادنا لله. وبكلمات أخرى، فلكي تكون «روحية» يعني أن تكون عملية وواقعية، فهي تبدأ بما نفعله لأجسادنا.

استمر بولس مبتدئاً بهذه النقطة ليناقش عدة قضايا متعلقة بالحياة المسيحية، فقد ناقش في الأصحاح الرابع عشر قضية الطعام. (ومن الواضح أنه لا توجد قضية على قدر أكبر من الأهمية لأجسادنا من تلك القضية!). فهو يكتب عن نمطين من المؤمنين: «وَاحِدٌ يُؤْمِنُ أَنْ يَأْكُلَ كُلَّ شَيْءٍ، وَأَمَّا الضَّعِيفُ فَيَأْكُلُ بُقُولاً» (رومية ١٤ : ٢). لم يضع بولس حلاً لهذه القضية بأن يقول إن أكل البقول هو الأمر الصحيح تماماً بينما أكل اللحوم خطأ تماماً أو العكس، بل بالحري قال إن كل ما يمكننا عمله بالإيمان هو أمر صحيح بينما كل ما لا يمكننا عمله بالإيمان فهو خطية. وبذلك حدد استنتاجه في الآية الختامية لهذا الأصحاح:

«وَأَمَّا الَّذِي يَرْتَابُ فَإِنْ أَكَلَ يُدَانُ، لأَنَّ ذلِكَ لَيْسَ مِنَ الإِيمَانِ.

---

(١٨) في الأصل «... مرضية عند الله خدمتك الروحية للعبادة».

وَكُلُّ مَا لَيْسَ مِنَ الإِيمَانِ فَهُوَ خَطِيَّةٌ» (رومية ١٤ : ٢٣) .

بهذه العبارة الختامية يتجاوز بولس قضية أكل اللحم أو البقول لكي يؤكد من جديد على المبدأ الذي ذُكر في الموضوع الافتتاحي في بداية هذه الرسالة . فقد ذكر هذا في (رومية ١ : ١٧) مستخدماً تعبيرات إيجابية : «أَمَّا الْبَارُّ فَبِالإِيمَانِ يَحْيَا» . يذكر هنا في (رومية ١٤ : ٢٣) نفس المبدأ ولكن بعبارات سلبية «وَكُلُّ مَا لَيْسَ مِنَ الإِيمَانِ فَهُوَ خَطِيَّةٌ» . وسواء نظرنا إلى ذلك المبدأ مستخدمين تعبيرات إيجابية أو سلبية فالنتيجة واحدة وهي أن : الإيمان هو الأساس الوحيد لحياة البر .

فالنقبل إذاً هذا التحدي وذلك بأن نطبق إيماننا على ما نأكله . فنحن مطالبون بأن «نأكل بالإيمان» . ولعل تلك العبارة غريبة إلى حد ما . فكيف يمكننا تطبيقها بطريقة عملية ؟

يشتمل هذا التطبيق على عدة أمور .

أولاً : أننا يجب أن نعترف باتكالنا على الله فيما يتعلق بطعامنا ، فنحصل على طعامنا كعطية منه . وإذا لم يمنحنا إياه سوف نظل جائعين .

ثانياً : النتيجة المنطقية لذلك هي أن نشكر الله على طعامنا .

ثالثاً : يؤدي شكرنا لله على طعامنا بدوره إلى نتيجة ذلك

يشرحها بولس في (رسالة تيموثاوس الأولى):

«لأَنَّ كُلَّ خَلِيقَةِ اللهِ جَيِّدَةٌ، وَلاَ يُرْفَضُ شَيْءٌ إِذَا أُخِذَ مَعَ الشُّكْرِ،

لأَنَّــــهُ يُــقَــدَّسُ بِــكَــلِــمَــةِ اللهِ وَالــصَّــلاَةِ»

(١ تيموثاوس ٤ : ٤-٥).

عندما نقبل طعامنا من الله بصلوات الشكر فإنه يتقدس، أي أنه يصبح مقدساً ومعداً من الله لفائدتنا. وحتى إن كان أحد مكونات طعامنا في أصله ملوثاً أو ضاراً فإن إيماننا الذي نعبر عنه بصلوات الشكر التي نرفعها لله سوف يبطله.

رابعاً: «للأكل بالإيمان» معاني ضمنية تتجاوز مائدة الطعام، فطعامنا هو مصدر قوتنا الطبيعية، والله هو مصدر طعامنا. إذاً فقوتنا عطية من الله، لسنا أحراراً في استخدامها بطرق أنانية أو خاطئة فنحن ملزمون بتكريسها لخدمة الله ولمجده.

ومن ثم فعدما نطبق مبدأ الإيمان على أكلنا، فإن تلك المنطقة من حياتنا تكتسب مغزىً جديداً، فيمكننا أن نفهم كيف أمكن لبولس أن يرشد مؤمني كورنثوس بالنصيحة التالية: «**فَإِذَا كُنْتُمْ تَأْكُلُونَ أَوْ تَشْرَبُونَ أَوْ تَفْعَلُونَ شَيْئاً فَافْعَلُوا كُلَّ شَيْءٍ لِمَجْدِ اللهِ**» (١ كورنثوس ١٠ : ٣١). فبالإيمان حتى الوجبات اليومية التي

نتناولها تتخذ طبيعة القربان المقدس الذي به نشارك في مجد الله. وتلك أحد الآثار الفورية والواضحة التي أثمرت في حياة المؤمنين الأوائل بفعل انسكاب الروح القدس في يوم الخمسين. فقد أصبحت وجباتهم أعياداً روحية للعبادة والتسبيح. وقد سجل لنا لوقا ما يلي:

«وَكَانُوا كُلَّ يَوْمٍ يُواظِبُونَ فِي الْهَيْكَلِ بِنَفْسٍ وَاحِدَةٍ. وَإِذْ هُمْ يَكْسِرُونَ الْخُبْزَ فِي الْبُيُوتِ كَانُوا يَتَنَاوَلُونَ الطَّعَامَ بِابْتِهَاجٍ وَبَسَاطَةِ قَلْبٍ.

مُسَبِّحِينَ اللهَ وَلَهُمْ نِعْمَةٌ لَدَى جَمِيعِ الشَّعْبِ. وَكَانَ الرَّبُّ كُلَّ يَوْمٍ يَضُمُّ إِلَى الْكَنِيسَةِ الَّذِينَ يَخْلُصُونَ» (أعمال ٢ : ٤٦-٤٧).

تختلف الطريقة التي تناول بها فعلياً المؤمنون طعامهم عن الطريقة المعتادة حتى أنها اكتسبت نعمة في أعين جيرانهم غير المؤمنون وربحت هؤلاء الجيران للرب. ومن الممكن أن يتكرر نفس الشيء اليوم عندما نجعل إيماننا يعمل في مجال الطعام.

إذا كانت عواقب «الأكل بالإيمان» بعيدة المدى إلى هذه الدرجة، فماذا عن عواقب الفشل في الأكل بهذه الطريقة؟ يمكننا أن نجع إلى سفر الجامعة لكي نقدم صورة حية لمن لا يأكل بالإيمان. يقضي بعض المسيحيين أوقاتاً طويلة لدراسة سفر الجامعة، أما عندما يتم تفسيره في ضوء أسفار أخرى مألوفة بصورة أكثر نجده

يحتوي على بعض الكنوز الحقيقية. يصف سليمان في أغلب هذا السفر من يدعوه الكتاب المقدس في مواقع أخرى «الإنسان الطبيعي» أي الإنسان الذي بعدم إيمانه يحيا حياة خالية من نعمة الله ومعرفته. ويضع سليمان صورة لهذا الإنسان عند مائدة العشاء في (جامعة ٥ : ١٧) قائلاً : «أَيْضاً يَأْكُلُ كُلَّ أَيَّامِهِ فِي الظَّلاَمِ وَيَغْتَمُّ كَثِيراً مَعَ حُزْنٍ وَغَيْظٍ [١٩]».

«فيا لها من لغة مذهلة !» «يَأْكُلُ ... فِي الظَّلاَمِ». ما المعنى ؟ إنه بمنتهى الدقة يعني عكس «الأكل بالإيمان»، فمثل هذا الإنسان لا يعترف بأن طعامه هو عطية من الله. وهو لا يشكر الله عليه. وبالتالي فطعامه هذا ليس مباركاً أو مقدساً فما هي نتيجة ذلك ؟ «غم ومرض وغيظ شديد». فإن تأكل بدون إيمان يعني أنك تدعو الغم والمرض والغيظ.

اختبرنا للتو وبأكثر دقة كيف نطبق مبدأ الإيمان على أحد أكثر أنشطتنا اليومية تكراراً وهو الأكل. وقد أصبحنا نتيجة لذلك في موقف من يفهم المجال الذي تشمله (رومية ١ : ١٧) فهماً تاماً : «أَمَّا الْبَارُّ فَبِالإِيمَانِ يَحْيَا». يمكننا أن نرى الآن أن الإيمان هو القناة التي تنقل الحياة الإلهية. وكلما ازداد الذي نمارسه، ازداد تمتعنا بالحياة. تخترق الحياة الإلهية جميع الأنشطة التي

---

(١٩) في الأصل «أيضاً يأكل كل أيامه في الظلام بغم وغيظ شديد».

نطبق إيماننا عليها، فلا تكون فيما بعد كئيبة أو حتى عادية. بل تصبح نشيطة، ومثيرة، ومبهجة أي أنها تكون فرصة للعبادة والتسبيح.

الإيمان للموارد المالية

لعل أحد مجالات الحياة اليومية الذي نحتاجه أن نطبق عيه مبدأ الإيمان هو ذلك المجال الخاص بالموارد المالية وتوفير الماديات. يزخر الكتاب المقدس كله بكل من التأكيدات والأمثلة على قدرة الله لتسديد احتياجات شعبه، حتى في تلك المواقف التي لا يوجد فيها أي مصدر بشري أو طبيعي لذلك التسديد. ولا يوجد شاهد يذكر هذا الموضوع بأكثر تأكيد مما جاء في (٢ كورنثوس ٩ : ٨) «وَاللهُ قَادِرٌ أَنْ يَزِيدَكُمْ كُلَّ نِعْمَةٍ، لِكَيْ تَكُونُوا وَلَكُمْ كُلُّ اكْتِفَاءٍ كُلَّ حِينٍ فِي كُلِّ شَيْءٍ، تَزْدَادُونَ فِي كُلِّ عَمَلٍ صَالِحٍ». يجدر بنا أن نولي اهتماماً خاصاً بفهم هذه الآية بطريقة دقيقة. فبينما تستخدم الترجمة التي ف يدينا كلمة «كل» يستخدم الأصل اليوناني كلمة «جميع». إذاً ففي النص الأصلي تأتي كلمة «يزيد» و«تزدادون» مرتين بينما تتكرر كلمة «جميع» خمس مرات. ومن الصعب أن نجد طريقة يمكن بها للغة أن تعبر على نحو أكثر دقة من ذلك عن قدرة الله على تسديد كل احتياجات شعبه. ولا يعني هذا مجرد

الاكتفاء بل زيادة عن الحاجة.

وهناك في الحقيقة ثلاث مستويات لتسديد الاحتياجات يمكننا الحياة بها وهي: العوز، والاكتفاء، والوفرة. دعين أضح هذا بمثال بسيط من الحياة اليومية ستستخدمه ربة البيت التي تبتاع احتياجاتها من عند البقال. فربة المنزل التي لديها عشر جنيهات في حافظتها لكنها تحتاج لمشتريات بأكثر من خمسة عشر جنيهاً، في هذه الحالة لديها «عوز». وربة المنزل التي لديها خمسة عشر جنيهاً وتحتاج لما ثمنه خمسة عشر جنيها فإنما تبتاع احتياجاتها ولديها «اكتفاء». أما ربة المنزل التي لديها عشرون جنيها في حافظتها وتحتاج لما ثمنه خمسة عشر جنيهاً فإنما تبتاع احتياجاتها ولديها «وفرة».

استخدمنا هذا المثال البسيط إلى حد ما لنوضح صورة ربة المنزل التي تبتاع ما تحتاجه بالجنيهات. وعلى أية حال يجب التأكد على أن الوفرة لا تعتمد بالضرورة على الأموال أو الممتلكات المادية، بل الوفرة ببساطة هي أن يسدد الله جميع احتياجاتنا ويتبقى لدينا ما نبقيه للآخرين. ويقدم يسوع نفسه المثال الدقيق على الوفرة. فلم يكن لديه مسكن دائم، ولا ممتلكات مادية، ولا مبلغ كبير من المال، رغم أن تلميذه يهوذا كان يحمل صندوق المال الذي توضع فيه التبرعات. (انظر يوحنا ١٢: ٤-٦،

ويوحنا ١٣ : ٢٩) . ولكن يسوع لم يعزوه البتة أي شيء يحتاج إليه هو أو مَنْ كانوا معه .

عندما احتاج بطرس لدفع الجزية دون وجود مهلة كافية، لم يخبره يسوع بأن يذهب إلى يهوذا ويطلب منه مال من الصندوق، بل أرسله ليحصل على الجزية من بحر الجيل (انظر متى ١٧ : ٢٤-٢٧). لعل ذلك يطرح سؤالاً، أيهما أفضل: الذهاب إلى البنك وتحصيل شيك أم الذهاب إلى البحر وإلقاء الصنارة؟ بالتأكيد الأخير هو الأكثر إثارة!

في إحدى المناسبات الأخرى وجد يسوع نفسه محاطاً بحشد ربما يصل لاثني عشر ألف من الجائعين، كان هناك حوالي خمسة آلاف رجلاً دون النساء والأطفال (متى ١٤ : ٢١). ولذلك أكد الجميع كله وفضل عنهم اثنتا عشرة سلة مملوءة (انظر يوحنا ٦ : ٥-١٣) . هذه هي الوفرة! وهو أظهار مذهل للتأثيرات الخارقة للطبيعة التي تنتج عن شكرنا لله على طعامنا بالإيمان!

ثم أسل يسوع تلاميذه ليبشروا وأخبرهم ألّا يأخذوا معهم أي شيء (انظر لوقا ٩ : ١-٣، ولوقا ١٠ : ١-٤) . وفي نهاية خدمته الأرضية، ذكّر يسوع تلاميذه بذلك وسألهم إن كان قد أعوزهم أي شيء، فأجابوه «لا» (لوقا ٢٢ : ٣٥) . هذه هي الوفرة!

خدمت كمرسل في أوقات مختلفة في دولتين مختلفتين، وأعرف من ملاحظتي الشخصية أنه من الممكن أن يحصل المرسل على منزل، وسيارة، ومرتب ثابت ومع ذلك تعوزه أشياء هو في حاجة إليها. فليس مفتاح الوفرة هو الأموال أو الممتلكات المادية، بل الإيمان!

عندما تواجهنا هذه الأمثلة من حياة يسوع قد يدفعنا ذلك لأن نقول: «لقد كان هذا يسوع! ولا يمكننا أن نتوقع أن نحيا مثله!» وأما يسوع فقد أخبرنا بعكس ذلك. فقد قال في (يوحنا ١٤ : ١٢) «**اَلْحَقَّ الْحَقَّ أَقُولُ لَكُمْ: مَنْ يُؤْمِنُ بِي فَالأَعْمَالُ الَّتِي أَنَا أَعْمَلُهَا يَعْمَلُهَا هُوَ أَيْضاً، وَيَعْمَلُ أَعْظَمَ مِنْهَا**»

كما قال الرسول يوحنا الذي كان شاهد عيان لكل ما فعله يسوع: «**مَنْ قَالَ إِنَّهُ ثَابِتٌ فِيهِ، يَنْبَغِي أَنَّهُ كَمَا سَلَكَ ذَاكَ هَكَذَا يَسْلُكُ هُوَ أَيْضاً**» (١يوحنا ٢ : ٦). قدم يسوع نموذجاً للسلوك بالإيمان، ونحن مدعوون أن نتبعه.

إن كنا لا نزال مترددين في قبول هذا التحدي، فهذا لأننا لا نُقدّر نعمة الله. ونجد المفتاح في (٢كورنثوس ٩ : ٨) وهو النعمة: «**وَاللهُ قَادِرٌ أَنْ يَزِيدَكُمْ كُلَّ نِعْمَةٍ**». لا يعتمد تسديد احتياجاتنا على حكمتنا أو قدرتنا، بل على نعمة الله. ونحن في أشد الحاجة لفهم مبدأين مهمين عن عمل النعمة لكي نستفيد من نعمة الله.

يذكر (يوحنا ١ : ١٧) المبدأ الأول **«لأَنَّ النَّامُوسَ بِمُوسَى أُعْطِيَ، أَمَّا النِّعْمَةُ وَالْحَقُّ فَبِيَسُوعَ الْمَسِيحِ صَارَا»**. لا توجد إلّا قناة واحدة للنعمة وهي يسوع المسيح. ولن ننالها بحفظ أي نظام أو قواعد قانونية أو دينية، بل من خلال طريق وحيد لا يتغير وهو المسيح.

تذكر (أفسس ٢ : ٨ - ٩) المبدأ الثاني **«لأَنَّكُمْ بِالنِّعْمَةِ مُخَلَّصُونَ، بِالإِيمَانِ، وَذلِكَ لَيْسَ مِنْكُمْ. هُوَ عَطِيَّةُ اللهِ. ٩لَيْسَ مِنْ أَعْمَالٍ كَيْلاَ يَفْتَخِرَ أَحَدٌ»**. تتخطى النعمة أي شيء يمكننا أن ننجزه أو نكتسبه بقدراتنا الشخصية فقط. إذاً، فالوسيلة الوحيدة التي يمكننا بها أن ننالها هي الإيمان. وطالما اتكلنا على ما نستحقه أو ما يمكننا نكسبه فقط، فلن نمارس الإيمان وبالتالي لا نتمتع بملء نعمة الله.

كيف تنطبق هذه المبادئ على مجال الموارد المالية؟ أولاً: يجب أن أؤكد أن الله لن يبارك أبداً عدم الأمانة، أو الكسل، أو التخلي عن المسئولية المالية. فهو يخبرنا في (أمثال ١٠ : ٤): **«اَلْعَامِلُ بِيَدٍ رَخْوَةٍ يَفْتَقِرُ، أَمَّا يَدُ الْمُجْتَهِدِينَ فَتُغْنِي»**. ويقول بولس في رسالة أفسس: **«لاَ يَسْرِقِ السَّارِقُ فِي مَا بَعْدُ، بَلْ بِالْحَرِيِّ يَتْعَبُ عَامِلاً الصَّالِحَ بِيَدَيْهِ، لِيَكُونَ لَهُ أَنْ يُعْطِيَ مَنْ لَهُ احْتِيَاجٌ»** (أفسس ٤ : ٢٨).

يتوقع الله منا طبقاً لقدراتنا أن نشتغل باجتهاد، لا لكي

نمتلك ما يكفينا شخصياً فحسب، بل لكي نتملك ما يتبقى لنشارك به من هم في احتياج. وقد كان بولس أكثر تشدداً في (٢ تسالونيكي ٣: ١٠) عندما قال: «فَإِنَّنَا أَيْضاً حِينَ كُنَّا عِنْدَكُمْ أَوْصَيْنَاكُمْ بِهَذَا: أَنَّهُ إِنْ كَانَ أَحَدٌ لاَ يُرِيدُ أَنْ يَشْتَغِلَ فَلاَ يَأْكُلْ أَيْضاً». فالله لا يمنح نعمته ولا يقدمها لغير الأمناء أو الكسالى.

رغم ذلك فقد يحدث أننا بينما نعمل كل ما بوسعنا بأمانة وبما تمليه علينا ضمائرنا لكي نسدد احتياجاتنا واحتياجات من يعتمدون علينا، نجد أنفسنا في مستوى الاكتفاء بالكاد أو حتى في مستوى العوز. ورسالة النعمة هي أنه لا يجب أن نقبل هذا على أنه إرادة الله. فيمكننا أن نضع إيماننا في الله بيسوع المسيح ونثق بأن يرفعنا بطريقته لمستوى أعلى في تسديد احتياجاتنا من ذلك الذي يمكننا أن نصل إليه بمجرد حكمتنا أو قدرتنا الشخصية.

تسديد الله للاحتياج أم جماعي

قبل أن نترك موضوع تسديد الاحتياجات، هناك بدأ آخر مهم جداً ألا وهو: أن تسديد الله لاحتياج شعبه إنما هو أمر جماعي. فهو لا يتعامل معنا على أننا مجرد أفراد منفصلين، بل على أننا أعضاء جسد واحد مرتبطون ببعضنا البعض بروابط قوية من

الالتزام الثنائي. ويصف بولس في (أفسس ٤ : ١٦)، بعد أن قدَّم المسيح كرأس هذا الجسد، كيف يريد الله أن يعمل الجسد.

«الَّذِي مِنْهُ كُلُّ الْجَسَدِ مُرَكَّباً مَعاً، وَمُقْتَرِناً بِمُؤَازَرَةِ كُلِّ مَفْصِلٍ، حَسَبَ عَمَلٍ، عَلَى قِيَاسِ كُلِّ جُزْءٍ، يُحَصِّلُ نُمُوَّ الْجَسَدِ لِبُنْيَانِهِ فِي الْمَحَبَّةِ» (أفسس ٤ : ١٦).

يؤكد بولس هنا على أهمية المفاصل العلاقات بين الأعضاء المختلفين، فإن كانت في حالة جيدة، سيسدد الله كل احتياج من احتياجات الجسد حتى لا يعاني أي عضو من العوز، وإن لم تودِ المفاصل عملها على النحو المرجو أي إن كان الأعضاء غير متصلين ببعضهم البعض بشكل جيد فسوف تعاني بعض أجزاء جسد المسيح من العوز، والسبب وراء ذلك هو اتجاهاتنا وعلاقتنا الخاطئة التي تعوق تسديد الله للاحتياج من الوصول لمن يحتاجون إليه، لا لأن هذا التسديد غير كافٍ.

عندما خلص الله شعبه في العهد القديم وأرجهم من مصر، علمهم هذا المبدأ بطريقة عملية جداً. فقد وجد حوالي مليونان أو ثلاثة من البشر أنفسهم برية قاحلة دون أي مورد للغذاء. ولكن الله سدد احتياجاتهم بأن أرسل المَنّ يتساقط كل ليلة. وكان على الشعب أن يجمعوه في الصباح قبل أن تذيبه

الشمس. يحتاج كل فرد إلى العمر «omer» الذي يساوي أكثر من لترين. وعندما حدث ذلك، جمع الإسرائيليون أكثر من عم والبعض أقل. وبعد ذلك تشاركوا فيه معاً واكتشفوا أن كل منهم حصل علي كفايته تماماً، وهو بالضبط عمر واحد! (انظر خروج ١٦ : ١٤ - ١٨). ومع ذلك فلو لم تكن لديهم الرغبة في المشاركة بهذه الطريقة لكان من الممكن ألّا يحصل البعض على ما يكفيهم. ومن الواضح أن الله كان بإمكانه أن يجعل كُلاً منهم يجمع لنفسه بقدر ما يحتاج. ولكنه لم يفعل ذلك لأنه يريد أن يعلم شعبه مسئوليتهم نحو بعضهم البعض.

انتقل هذا المبدأ إلى العهد الجديد، فقد كتب بولس في (٢كورنثوس ٨) عن مبلغ معين من المال أرسلته كنائس مكدونية وأخائية من أجل المؤمنين اليهود الفقراء في اليهودية. وقد شرح لأهل كورنثوس أن تلك هي طريقة الله للتسديد المتساوي للاحتياجات لأجزاء جسد المسيح المختلفة دون أن يحرم البعض ودون أن يثقل على آخرين. وقد أشار إلى مثال مشاركة الإسرائيليين للمن الذي جمعوه في البرية لكي يدعم هذا المبدأ، فقد قال من الآية الثالثة عشر إلى الآية الخامسة عشر:

«فَإِنَّهُ لَيْسَ لِكَيْ يَكُونَ لِلآخَرِينَ رَاحَةٌ وَلَكُمْ ضِيقٌ، بَلْ بِحَسَبِ الْمُسَاوَاةِ. لِكَيْ تَكُونَ فِي هَذَا الْوَقْتِ فُضَالَتُكُمْ لإِعْوَازِهِمْ، كَيْ

تَصِيرَ فُضَالَتُهُمْ لإِعْوَازِكُمْ، حَتَّى تَحْصُلَ الْمُسَاوَاةُ. كَمَا هُوَ مَكْتُوبٌ: «الَّذِي جَمَعَ كَثِيراً لَمْ يُفْضِلْ، وَالَّذِي جَمَعَ قَلِيلاً لَمْ يُنْقِصْ» (كورنثوس ٨ : ١٣-١٥)

اقتبس بولس في الآية الخامسة عشر من الفقرة المذكورة ما جاء في سفر الخروج التي تقول:

«وَلَمَّا كَالُوا بِالْعُمِرِ لَمْ يُفْضِلِ الْمُكْثِرُ وَالْمُقَلِّلُ لَمْ يُنْقِصْ»

(خروج ١٦ : ١٨)

يجب على المؤمنين أن يتشاركوا. فلم تستطيع جماعة المصلين من المؤمنين الأوائل أن تقوم بعملها فعلياً في أورشليم إلّا بحياة الشركة وذلك بعد انسكاب الروح القدس عليهم. وقد سجل لنا لوقا ما يلي:

«وَكَانَ لِجُمْهُورِ الَّذِينَ آمَنُوا قَلْبٌ وَاحِدٌ وَنَفْسٌ وَاحِدَةٌ، وَلَمْ يَكُنْ أَحَدٌ يَقُولُ إِنَّ شَيْئاً مِنْ أَمْوَالِهِ لَهُ، بَلْ كَانَ عِنْدَهُمْ كُلُّ شَيْءٍ مُشْتَرَكاً.

وَبِقُوَّةٍ عَظِيمَةٍ كَانَ الرُّسُلُ يُؤَدُّونَ الشَّهَادَةَ بِقِيَامَةِ الرَّبِّ يَسُوعَ، وَنِعْمَةٌ عَظِيمَةٌ كَانَتْ عَلَى جَمِيعِهِمْ.

إِذْ لَمْ يَكُنْ فِيهِمْ أَحَدٌ مُحْتَاجاً، لأَنَّ كُلَّ الَّذِينَ كَانُوا أَصْحَابَ حُقُولٍ أَوْ بُيُوتٍ كَانُوا يَبِيعُونَهَا وَيَأْتُونَ بِأَثْمَانِ الْمَبِيعَاتِ

وَيَضَعُونَهَا عِنْدَ أَرْجُلِ الرُّسُلِ، فَكَانَ يُوزَّعُ عَلَى كُلِّ أَحَدٍ كَمَا

يَكُونُ لَهُ احْتِيَاجٌ» (أعمال ٤ : ٣٢-٣٥).

لدينا هنا ثلاث عبارات متداخلة، أولاً: **«كَانَ الرُّسُلُ يُؤَدُّونَ الشَّهَادَةَ بِقِيَامَةِ الرَّبِّ يَسُوعَ»**. ثانياً: **«وَنِعْمَةٌ عَظِيمَةٌ كَانَتْ عَلَى جَمِيعِهِمْ»**. وثالثاً: **«إِذْ لَمْ يَكُنْ فِيهِمْ أَحَدٌ مُحْتَاجاً»** كانت نعمة الله ظاهرة على المؤمنين، مما يقوي الشهادة الشفاهية التي يقدمها الرسل، لذلك سدد الله كل احتياجاتهم. وبهذه الطريقة قدم كل جسد (شعب الله) شهادة واحدة وثابتة للاكتفاء الكامل بنعمته لجميع مجالات حياتهم.

لا بديل عن الإيمان

يوجد وجهان لعلاقتنا مع الله، وتؤكد الأسفار المقدسة علي كليهما بنفس القدر. فمن الجانب الإيجابي كما رأينا، يتيح الله لنا نعمته الغنية على أساس إيماننا، أما من ناحية الجانب السلبي، فإن الله يرفض أي أساس آخر نسعى به للاقتراب إليه، وما من مكان آخر ذلك الأمر بهذه الطريقة سوى رسالة العبرانيين:

«وَلَكِنْ بِدُونِ إِيمَانٍ لاَ يُمْكِنُ إِرْضَاؤُهُ، لأَنَّهُ يَجِبُ أَنَّ الَّذِي يَأْتِي إِلَى اللهِ يُؤْمِنُ بِأَنَّهُ مَوْجُودٌ، وَأَنَّهُ يُجَازِي الَّذِينَ يَطْلُبُونَهُ»
(عبرانيين ١١ : ٦)

إن كان الأمر بيدنا ، لما قدمنا سوى إجابة بسيطة مقارنة بتلك المذكورة في الأسفار المقدسة عندما يسألنا أحد عما يجب نفعله لكي نرضي الله. فكثيراً ما يحاول الناس أن يرضوا الله على أسس أخرى غير الإيمان: مثل الفضيلة، أو الأعمال الصالحة، والعضوية في الكنائس، أ التبرعات الخيرية، أو الصلاة، أو أية أنشطة دينية أخرى، ولكن بدون إيمان لن يقبل الله أياً من تلك الأعمال. بغض النظر عما نفعله أيضاً ، فليس المهم دوافعنا وكم هي صالحة، وليس المهم هو إخلاصنا وغيرتنا له، فلا بديل عن الإيمان. وبدون إيمان لا يمكننا أن نُرضي الله. فهو أمر مستحيل!

هكذا نجد أنفسنا وجهاً لوجه مع الطلب الوحيد الثابت الذي يطلبه الله منا : «**لأَنَّهُ يَجِبُ أَنَّ الَّذي يَأْتي إلَى اللهِ يُؤْمِنُ**» (عبرانيين ١١ : ٦). ونحن مطالبون بالإيمان بأمرين: أولاً: يجب نؤمن أن الله موجود. يؤمن أغلب الناس أن الله موجود، ولكن هذا وحده لا يكفي. فجيب علينا ـ ثانياً ـ أيضاً أن نؤمن بأن الله «**يُجَازِي الَّذِينَ يَطْلُبُونَهُ**» (آية ٦). ويتخطى هذا حقيقة وجود الله إلى حقيقة طبيعته. فنحن مطالبون بالإيمان في صلاح الله الجوهري أي في أمانته وجدراته بالثقة. وإيماننا بالله بهذه الطريقة يجعلنا نتخطى العقائد أو اللاهوتيات المجردة، فهو يؤسس علاقة مباشرة وشخصية بين الله ومن يؤمن به.

قلت في الفصل الأول من هذا الكتاب إن الإيمـان يصلنا بواقعين غير مرئيين وهما : الله وكلمته. ويجب علينا الآن أن نخطو إضافية، فليس الغرض النهائي للإيمان إلّا الله نفسه. نعم، إننا نؤمن بكلمة الله، ولكننا نفعل ذلك لأن كلمته هي امتداد له. وتركز ثقتنا بكلمته علي ثقتنا به لأنه شخص. وإن حدث وتوقفنا عن الإيمان بالله، فستكون النتيجة النهائية هي توقفنا عن الإيمان بكلمته أيضاً.

من المهم جداً أن نرى أن مجرد الإيمان بأحد أشكال العقائد أو اللاهوتيات ليس هو الهدف النهائي. وهؤلاء الذين لا يتخطى إيمانهم هذا الأمر لن يعرفوا ملء الحياة وغناهم التي يقدمها لنا الله، فغرض الله النهائي هو أن يحضرنا إلى علاقة فورية، وحميمة، وشخصية معه. وبمجرد أن ندخل في هذه العلاقة، فإنها تعطي الحافز وتساند كل ما نفعله وتوجهه، وبالتالي فهي مصدر الحياة وموردها. ولا توجهنا نبوة حبقوق عندما نفسر «وَالْبَارُّ بِإِيمَانِهِ يَحْيَا» (حبقوق ٢ : ٤). بهذه الطريقة، إلى عقيدة أو علم لاهوتي، بل علاقة علاقة حميمة، ونامية، وشاملة مع الله نفسه.

وتلك هي العلاقة التي تحدث عنها داود في (مزمور ٢٣ : ١)

«اَلرَّبُّ رَاعِيَّ فَلاَ يُعْوِزُنِي شَيْءٌ» .. لم يقدم داود في هذه الآية شرحاً علمياً لاهوتياً بل وصف علاقته مع الله. لقد كان يصف

علاقة. وقد أعلن على أساس علاقته مع الرب راعيه «فَلاَ يُعْوِزُنِي شَيْءٌ». ويا له من تعبير مدهش للأمان الشخصي الكامل. فهو يغطي جميع الاحتياجات وجميع المواقف. كان من الممكن أن يضيف داود كلمات أخرى، كأن يقول «لن يعوزني المال، أو الطعام، أو الأصدقاء، أو الصحة»، ولكنه لو فعل ذلك أضعف تلك الكلمات . أما «فَلاَ يُعْوِزُنِي شَيْءٌ» فهو تبقى الأفضل وهي منفردة ولا تترك مكاناً لأي نوع من العوز.

أثرت فيّ بشدة الطريقة التي تعبر بها الأسفار المقدسة عن أكثر الحقائق عمقاً وبأبسط كلمات، فلا يحتوي (مزمور ٢٣ : ١) في الأصل العبري إلا على أربع كلمات، ولا يوجد في الطبعة العربية بين أيدينا إلا خمس كلمات، ورغم ذلك فهذه الكلمات القليلة القصيرة تصف لنا علاقة من العمق والقوة ما يجعلها تهتم بكل احتياج من احتياجات هذه الحياة والموت أو الحاضر والأبدية.

الخطية الأساسية هي عدم الإيمان

عرفنا أن البر لا ينتج دائماً إلا من الإيمان. وسنرى الآن أن العكس أيضاً صحيح؛ فالخطية ليس لها إلا مصدر واحد وهو: عدم الإيمان.

قال يسوع في (يوحنا ١٦ : ٨) إن خدمة الروح القدس سوف تبكت العالم فيما يتعلق بثلاثة أمور وهي: «**وَمَتَى جَاءَ ذَاكَ يُبَكِّتُ الْعَالَمَ عَلَى خَطِيَّةٍ وَعَلَى بِرٍّ وَعَلَى دَيْنُونَةٍ**». ثم عرّف يسوع في الآية التالية تلك الخطية المحددة التي سيأتي الروح القدس بالتبكيت عليها فقال: «**أَمَّا عَلَى خَطِيَّةٍ فَلأَنَّهُمْ لاَ يُؤْمِنُونَ بِي**». فالخطية المبدئية التي تجعل العالم بأكمله مذنب هي عدم الإيمان. فهي أساس جميع الخطايا الأخرى.

يتناول الأصاح الثالث من رسالة العبرانيين خطية عدم الإيمان على نحو خاص. فيذكرنا الكاتب أن جيلاً كاملاً من شعب الله خرجوا من مصر تحت قيادة موسى، إلا أنهم لم يدخلوا أرض الموعد البتة بل هلكوا في البرية وذلك بسبب عدم إيمانهم.

يطبق الكاتب في (عبرانيين ٣ : ١٢) ذلك الدرس المأساوي الذي تعلمه إسرائيل، وعلينا نحن المسيحيون أن نتعلمه: «**اُنْظُرُوا أَيُّهَا الإِخْوَةُ أَنْ لاَ يَكُونَ فِي أَحَدِكُمْ قَلْبٌ شِرِّيرٌ بِعَدَمِ إِيمَانٍ فِي الارْتِدَادِ عَنِ اللهِ الْحَيِّ**». يميل أغلب المؤمنين إلى النظر إلى عدم الإيمان باعتباره شيئاً يجب أن يندموا عليه ولكنه غير ضار إلى حدٍ ما. ولكن تخبرنا الآية هنا أن القلب غير المؤمن هو قلب شرير. وعدم الإيمان هو شر لأنه يجعلنا نرتد عن الله. وكما أن الإيمان يبني علاقة شخصية مع الله، فعدم الإيمان يدمرها. فالاثنان

متناقضان في تأثيرهما.

يواصل الكاتب في الآية الثالثة عشر كلامه قائلاً: «**بَلْ عِظُوا**[٢٠] **أَنْفُسَكُمْ كُلَّ يَوْمٍ، مَا دَامَ الْوَقْتُ يُدْعَى الْيَوْمَ، لِكَيْ لاَ يُقَسَّى أَحَدٌ مِنْكُمْ بِغُرُورِ الْخَطِيَّةِ**». يتسبب عدم الإيمان في أن تتقى قلوبنا نحو الله ومن ثم نصبح عرضة لخداع الخطية والشيطان. وهذا التحذير ضد خطر عدم الإيمان هو تحذير مُلِحّ. ويطبقه الكاتب عندما يقول: «**مَا دَامَ الْوَقْتُ يُدْعَى الْيَوْمَ**». ينطبق هذا الأمر علينا كمؤمنين اليوم مثلما كان الحال بالنسبة لشعب إسرائيل الذي خرج من مصر تحت قيادة موسى. فلعدم الإيمان تأثيره علينا مثلما كان له تأثير على بني إسرائيل.

وأخيراً، يلخص الكاتب في الآيات من السابعة عشر إلى التاسعة عشر فشل إسرائيل ويذكر سببه قائلاً:

«**وَمَنْ مَقَتَ أَرْبَعِينَ سَنَةً؟ أَلَيْسَ الَّذِينَ أَخْطَأُوا، الَّذِينَ جُثَثُهُمْ سَقَطَتْ فِي الْقَفْرِ؟**

وَلِمَنْ أَقْسَمَ لَنْ يَدْخُلُوا رَاحَتَهُ، إِلاَّ لِلَّذِينَ لَمْ يُطِيعُوا؟

فَنَرَى أَنَّهُمْ لَمْ يَقْدِرُوا أَنْ يَدْخُلُوا لِعَدَمِ الإِيمَانِ» (عبرانيين ٣: ١٧-١٩).

---

(٢٠) كلمة «عظوا» في الأصل اليوناني تعني «شجعوا» وكلمة «غرور» تعني «خداع».

لاحظ الكلمة الختامية: «لِعَدَمِ الإِيمَانِ». أذنب بنو إسرائيل بارتكاب عدة خطايا مثل: الفسق، والزنا، والتذمر، والتمرد، وغيرها، إلا أن الخطية الأساسية التي منعتهم من الدخول إلى ميراثهم هي خطية عدم الإيمان. فعدم الإيمان هو مصدر جميع الخطايا الأخرى.

من الممكن أن نوضح هذا على نحو منطقي، بمجرد فهمنا أن الإيمان يتأسس كلة على طبيعة الله نفسه، فإن كان لدينا الإيمان الكامل وغير المتحفظ على طبيعة الله ذات الثلاثة جوانب أي: صلاحه، وحكمته، وقدرته، فلن نعصى الله. فإن استطعنا أن نومن في كل المواقف أن الله صالح، وأنه لا يريد إلّا الأفضل لنا، وأن له الحكمة التي تعرفه ما هو الأفضل وكذلك القدرة على تحقيق ذلك الأفضل لنا، فلن يكون لدينا أية دوافع للعصيان. فعند تتبع العصيان ضد الله للوصول إلى مصدره، نجد أنه ينتج عن عدم الإيمان.

لا يوجد إلا اتجاهان ممكنان نحو الله وهما: الإيمان الذي يوحدنا به أو عدم الإيمان الذي يفصلنا عنه، وكل مهما يستبعد الآخر. يشير كاتب العبرانيين إلى نبوة حبقوق ويواجهنا بالبديلين الموجودين عندما يقول:

«أَمَّا الْبَارُّ فَبِالإِيمَانِ يَحْيَا، وَإِنِ ارْتَدَّ لاَ تُسَرُّ بِهِ نَفْسِي».

وَأَمَّا نَحْنُ فَلَسْنَا مِنَ الارْتِدَادِ لِلْهَلاَكِ، بَلْ مِنَ الإِيمَانِ لاقْتِنَاءِ النَّفْسِ» (عبرانيين ١٠ : ٣٨-٣٩).

بمجرد أن نخصص أنفسنا للحياة المؤسسة على الإيمان، لن نحيد عنها مرة أخرى. ولن يقودنا الارتداد إلى عدم الإيمان إلا للظلمة والهلاك. وعلينا لكي نتقدم للأمام أن نستمر كما بدأنا وذلك بالإيمان!

المخلص

تقوم رسالة العهد الجديد للخلاص والبر على (حبقوق ٢ : ٤) «وَالْبَارُّ بِإِيمَانِهِ يَحْيَا». ونحن ننال من الله هنا والآن نوعاً جديداً من الحياة التي هي الحياة الإلهية، والأبدية، والبارة وذلك فقط بالإيمان بيسوع المسيح. وبذلك، فعندما نستمر في تطبيق إيماننا على مختلف مجالات حياتنا، فإن تلك الحياة الجديدة التي أخذناها من الله تخترق تلك المجالات وتغيرها.

يجب نطبق مبدأ الإيمان في الأمور البسيطة والعملية. ويطبقه بول في (رومية ١٤) على الأكل. فهو يناقش حالة اثنين من المؤمنين يتكلمان عما يجب أكله أو ما يجب عدم أكله. ويختتم كلامه بأن المهم ليس هو ما نكله بل إذا ما كنا «نكله من الإيمان».

وفيما يلي النتائج المترتبة على «الأكل بالإيمان». أولاً: أن ننال طعامنا كهبة من الله. وثانياً: نشكر الله عليه. وثالثاً: يصبح طعامنا بذلك مقدساً. ورابعاً: نكرس القوة التي نأخذها من الطعام لخدمة الله ومجده. وبهذه الطريقة يتحول إلى الإيمان نشاط عام مثل الطعام ليصير سراً مقدساً.

نحتاج إلى إيماننا على الأمور المالية والمادية. فنعمة الله بالمسيح تجعل الوقت متاحاً لنا، أي أن الله يعدنا أنه يمدنا بجميع احتياجاتنا وسيكون لنا ما يفضل عنا لنساعد الآخرين. إلا أن الوفر لا يعتمد على الممتلكات المالية أو المادية بل الإيمان وحده .. يقدم يسوع نفسه النموذج على الحياة في وفرة دون أموال أو ممتلكات، وعلينا أن نتبع مثاله. وهو في نفس الوقت يحذرنا بشدة من الكسل، وعدم الأمانة، وعدم تحمل المسئولية.

يجب أن نرى أنفسنا لا كمجرد أفراد منعزلين بل كأعضاء جسد واحد حتى يمكن لكل شعب الله أن يتشاركوا في فيضه ووفره. وقد علم الله الإسرائيليين هذا الدرس بالمن الذي أطعمهم إياه في البرية، فلقد كان عليهم أن يتشاركوا جميعاً فيما جمعوه حتى يمكن لكل منهم أن يحصل على ما يكفيه. وكذلك الأمر مع جسد المسيح، فإذا كانت اتجاهاتنا وعلاقتنا صالحة، فإننا نتشارك مع بعضنا البعض، وسيكون هناك ما يكفي الجميع ولكن قد

تفصل الاتجاهات والعلاقات الخاطئة بعض مناطق من الجسد لتمنعها من نوال ملء التسديد.

بعد انسكاب الروح القدس على المسيحيين الأوائل في أورشليم، ظهر فيض عمل إيمانهم في كلا المجالين اللذَين تحدثنا عنهما وهما: الطعام والأمور المالية. فأصبحت وجباتهم سراً مقدساً يصاحبها التسبيح والعبادة. وأتاحوا إيراداتهم لبعضهم البعض بطريقة جعلت «إِذْ لَمْ يَكُنْ فِيهِمْ أَحَدٌ مُحْتَاجاً» (أعمال ٤ : ٣٤). وبذلك ساعدت نعمة الله التي استُعلنت في حياتهم اليومية على ربح جيرانهم للمسيح.

يقدم لنا الله أساساً واحداً لا غيره للاقتراب إليه وهو الإيمان. كما أن الإيمان البسيط بوجود الله ليس كافياً. فيجب علينا أن نؤمن بصلاحه الجوهري. هكذا سنجتاز اللاهوتيات إلى العلاقة المباشرة الحميمة مع الله كشخص وتصبح تلك العلاقة هي الضمان لاكتفائنا وأماننا الكامل.

الخطية ليس لها إلا مصدر واحد وهو: عدم الإيمان. فإذا كان لدينا إيمان كامل وثابت بفي صلاح، وحكمة الله، وقدرته فلن يكون هناك دافع للخطية يشير كاتب رسالة العبرانيين إلى أن عدم الإيمان هو الذي حرم الإسرائيليين من ميراثهم، وحذرنا من

الوقوع في نفس هذا الخطأ المدمر . ولا يوجد في التحليل النهائي إلا اتجاهان محتملان نحو الله وهما : الإيمان الذي يوحدنا به أو عدم الإيمان الذي يفصلنا عنه .

٦

كيف يأتي الإيمان

واجهنا في الفصل السابق التحدي الذي تقدمه متطلبات الله للإيمان التي لا تقبل التنازلات وهو: «**أَمَّا الْبَارُّ بِالإِيمَانِ يَحْيَا**» (رومية ١ : ١٧). «**وَكُلُّ مَا لَيْسَ مِنَ الإِيمَانِ فَهُوَ خَطِيَّةٌ**» (رومية ١٤ : ٢٣). «**وَلَكِنْ بِدُونِ إِيمَانٍ لاَ يُمْكِنُ إِرْضَاؤُهُ**» (عبرانيين ١١ : ٦). «**لأَنَّهُ يَجِبُ أَنَّ الَّذِي يَأْتِي إِلَى اللهِ يُؤْمِنُ**» (عبرانيين ١١ : ٦). ويمكننا أن نرى بسهولة في ضوء هذه المتطلبات الإلهية لماذا شبهت الأسفار المقدسة الإيمان بالذهب النقي. فقيمته لا مثيل لها، ولا بديل عنه. ولا يمكننا الاقتراب لله بدونه، كما لا يمكننا إرضاؤه، أو نوال حياته.

أود أن أشارككم في هذا الفصل بواحد من أهم الاكتشافات التي توصلت إليها في حياتي بعدما عرفت المسيح. ولقد تعلمته مثل أغلب الدروس التي كانت ذات قيمة بالنسبة لي وذلك عن طريق الاختبار الشخصي. فقد اكتشفت اللؤلؤة كثيرة الثمن بعد خروجي من مرحلة من مراحل الصرع والألم إذا تعلمت كيف يأتي الإيمان.

في وادي الظلمة

أثناء خدمتي في الجيش البريطاني في الحرب العالمية الثانية، سقطت طريح الفراش بسبب أحد الأمراض الجلدية المعدية المزمنة وظللت اثنى عشر شهراً في إحدى المستشفيات العسكرية بمصر. وشهراً تلو الآخر يزداد اقتناعي بأن الأطباء ف هذا الطقس الصحراوي الحار لا يملكون أي وسيلة لعلاجي. وحيث أني قد عرفت المسيح مؤخراً واعتمدت بالروح القدس، فقد كانت لي علاقة وشخصية مع الله. وشعرت أنه بطريقة ما لديه حل لمشكلتي ولكنني لم أعرف كيف أجده.

فقلت لنفسي مراراً وتكراراً: «أعرف أنه إن كان لي إيمان، فسيشفيني الله»، ثم كنت أضيف دائماً: «ولكن لي إيمان». وكنت في كل مرة أقول فيها هذا، أجد نفسي فيما دعاه «يوحنا بنيان» في كتاب «سياحة المسيحي» [حمأة اليأس] أي وادي اليأي المظلم والمنعزل، ومع ذلك، ففي أحد الأيام شق شعاع ساطع من النور ذلك الظلام. فيما كنت متكئاً على وسادتي في الفراش ففتحت كتابي المقدس وجثوت على ركبَتيَّ. فاستوقفتني (رومية ١٠ : ١٧). «**إِذًا الإِيمَانُ بِالْخَبَرِ**[٢١]، **وَالْخَبَرُ بِكَلِمَةِ اللهِ**». فاجتذبت انتباهي كلمة واحدة وهي «يأتي بـ...» فتمسكت بحقيقة وحيدة وبسيطة وهي:

(٢١) يقول الأصل اليوناني «إذاً الإيمان يأتي بالسماع، والسماع بكلمة الله».

الإيمان بـ... (يأتي بـ...) !» فإن لم يكن لي إيمان، يمكنني أن أحصل عليه !

لكن كيف يأتي الإيمان؟ قرأت الآية مرة أخرى : «الإِيمَانُ بِالْخَبَرِ، وَالْخَبَرُ بِكَلِمَةِ اللهِ». لقد قبلت بالفعل الكتاب المقدس ككلمة الله . إذاً لديَّ مصدر الإيمان. ولكن ما الذي يعنيه «الخبر (السماع)»؟ وكيف يمكن أن يأتيني الخبر (أن أسمع) عن طريق الكتاب المقدس؟

فقررت أن أعود إلى بداية الكتاب المقدس وأقرأه من أوله لآخره بطريقة صحيحة سفراً فسفراً وبالترتيب. فأعددت لنفسي قلماً ذا لون أزرق عازماً على وضع خطٍ أزرق تحت كل آية تعالج الموضوعات التالية : الشفاء، والصحة، والقوة الجسدية، والحياة الجديدة. في بعض الأحيان كنت أجد صعوبة في هذا ولكنني ثابرت على ذلك، واندهشت لعدد المرات اتي احتجت فيها لاستخدام قلمي الأزرق.

وصلت إلى سفر الأمثال بعد حوالي شهرين. ووجدت هناك في الأصحاح الرابع ثلاث آيات متتالية تطلّبت مني استخدام قلمي الأزرق وهي :

«يَا ابْنِي، أَصْغِ إِلَى كَلاَمِي. أَمِلْ أُذْنَكَ إِلَى أَقْوَالِي. لاَ تَبْرَحْ عَنْ عَيْنَيْكَ. احْفَظْهَا فِي وَسَطِ قَلْبِكَ.

لأَنَّهَا هِيَ حَيَاةٌ لِلَّذِينَ يَجِدُونَهَا، وَدَوَاءٌ[٢٢] لِكُلِّ الْجَسَدِ»
(أمثال ٤ : ٢٠-٢٢) .

بينما كنت أضع خطوطاً تحت هذه الكلمات، اتضح لي
معناها. «يَا ابْنِي» كان الله الآب هو الذي يتحدث مباشرة لي،
أنا ابنه. وكانت الرسالة شخصية جداً. أخبرني الله ماذا يمكن
أن يكون «كلامه» و«أقواله» بالنسبة لي فهو : «دواء (صحة)
لكل الجسد (جسدي)» فكيف يمكن لله أن يعطيني الوعد لجسدي
بطريقة أفضل من ذلك ؟ فالصحة والمرض هما نقيضان؛ فكل
مهما يستبعد الآخر . فإن أمكنني أن أنال الصحة في كل جسدي
أي الجسد الطبيعي فلن يبقى هناك أي مكان للمرض في أي عضو
فيه .

لاحظت في هامش كتابي المقدس وجود ترجمة بديلة لكلمة
«صحة» وهي «دواء[٢٣]». فهل يمكن «لكلام» الله و«أقواله» أن
تكون حقاً الدواء لشفاء جسدي بالكامل ؟ وقررت بعد الكثير من
المجادلات الداخلية أن أضع هذه الفكرة موضع اختبار . فطلبت
التوقف عن تناول الأدوية . ثم تناولت كلمة الله كعلاج لي .

_____

(٢٢) يشمل الأصل العبري «لأنها حياة للذين يجدونها وصحة (أو دواء) لكل
الجسد».
(٢٣) كما ذكرنا من قبل يشمل الأصل العبري «صحة أو دواء».

وحيث أنني كنت جندياً ملازماً للفراش بالمستشفى وحسب مهنتي العسكرية فقد كنت معتاداً على الطريقة التي تناول بها الناس أدويتهم وهي: «ثلاث مرات يومياً بعد الطعام». فقررت أن أناول كلمة الله كعلاقة بنفس تلك الطريقة.

تحدث الله لذهني عندما اتخذت ذلك القرار بكلمات واضحة كما لو كنت قد سمعتها بصوتٍ مسموع، فقال لي: «عندما يعطي الطبيب الدواء لشخص ما فإن إرشادات تناوله تكون مكتوبة على الزجاجة. وهذه الفقرة من سفر الأمثال هي زجاجة الدواء الذي أقدمها لكي والإرشادات مكتوبة عليها. فمن الأفضل لك أن تقرأها».

وعندما قرأت (أمثال ٤ : ٢٠-٢٢) مرة ثانية بدقة من ألها إلى آخرها، وجدت هناك أربع إرشادات دواء الله وهي:

١- «أَصْغِ» (آية ٢٠). فيجب أن أعطي انتباهاً مركزاً وبعيداً عن التشتت لكلام الله عندما أقرأه.

٢- «أَمِلْ أُذْنَكَ» (آية ٢٠). وتشير إمالة الأذن إلى الاتجاه المتضع المستعد للتعلّم فيجب أن أضع جانباً آرائي المسبقة وأستقبل ما يقول الله بذهن مفتوح.

٣- «لاَ تَبْرَحْ عَنْ عَيْنَيْكَ» (آية ٢١). فيجب أن أحتفظ بعَيْنَيَّ مثبتتين على كلام الله. ويجب ألا أسمح لعينيَّ أن تتجول في

عبارات أخرى من مصادر متضاربة ، مثل : الكتب أو المقالات التي لا تقوم على الأسفار المقدسة .

٤ـ «احْفَظْهَا فِي وَسَطِ قَلْبِكَ» (آية ٢١) . وحتى عندما تكون الكلمات الفعلية ليست أمام عيني في الوقت الحالي فيجب عليّ أن أتأمل فيها بقلبي ، وبذلك احفظها في نفس ذلك المكان الذي هو مصدر حياتي ومركزها .

يحتاج الأمر لكتاب بأكمله حتى يمكنني أن أصف كل ما يحدث في الشهور التالية ، فقد نقلني الجيش من مصر إلى السودان وهي إحدى الدول التي لها أحد أسوأ أنواع الطقس في أفريقيا ، فيمكن لدرجات الحرارة أن تصل فيها ما يقرب من ١٢٧ فهرنهايت . وتزايد درجات الحرارة المفرطة زاد من تفاقم مرضي الجلدي . وكان كل ما يحدث في ظروفي يتعارض مع شفائي . فقد كان الأصحاء المحيطون بي من كل ناحية يمرضون . ومع ذلك أدركت تدريجياً أن تحقيق وعود الله لا يعتمد على الظروف الخارجية ، بل يعتمد على تحقيق شروط الله فقط . لذا واصلت تناول «دوائي» ثلاث مرات يومياً . وكنت بعد كل وجبة أحني رأسي على الكتاب المقدس وأقول : «يارب لقد وعدت أن كلماتك هذه سوف تكون دواءً لكل جسدي . وها أنا أتناولها الآن كدواء لي باسم يسوع !» .

لم يحدث تغيير فجائي، ولم أختبر ما يمكن أن أصفه بأنه معجزة، إلا أنني اكتشفت بعد قضاء حوالي ثلاثة أشهر في السودان أن دوائي قد وفى كل المطالب التي عليه. فقد حصلت فعلياً على «صحة (دواء) لكل جسد (جسدي)» (أمثال ٤ : ٢٢).

لم يكن هذا أحد حالات «وجهات النظر حول أحد الموضوعات» أي أحد أنواع الوهم المؤقت الذي سريعاً ما يخبو، فقد انقضى ما يزيد عليَّ أربعين عاماً منذ ذلك الحين. وقد ظللت أمتع بصحة ممتازة، مع بعض الاستثناءات القليلة وأدرك عندما أنظر للوراء أنني قد تواصلت أثناء ذلك تلك الفترة من التجربة والنصرة النهائية مع أحد مصادر الحياة الذي يفوق المستوى الطبيعي وأنه لا يزال يعمل في جسدي المادي حتى اليوم.

اللوجوس والريما

وصفت الخطوات التي قادتني للشفاء والصحة لأنها توضح مبادئ محددة وعميقة وثابتة فيما يتعلق بطبيعة كلمة الله. وهناك في الأصل اليوناني للعهد الجديد كلمتان مختلفتان تترجمان تلقائياً إلى «كلمة»، إحداهما هي «Logos» والأخرى

هي «Rhema». تستخدم هاتان الكلمتان في بعض الأحيان على نحو متبادل. ومع ذلك فلكل منها مغزىً معين وخاص بذاتها.

فينطوي معنى كلمة «Logos» على ما هو أكثر من مجرد كلمة منطوقة أو مكتوبة. فهي تلك الوظائف التي هي تعبير عن الذهن. ويعرف قاموس ليدل وسكوت «Liddell and Scott» اليوناني الجازم كلمة «Logos» على أنها: «قوة العقل التي تستعلن في الكلام أي التعقل». وبهذا الخصوص تكون «Logos» هي كلمة الله غير المتغيرة. فهي مشورة الله المثبتة في الأبدية قبل بدء الزمن، والتي يجب أن تستمر إلى الأبدية طويلاً بعد أن يجري الزمن مجراه المألوف. تحدث داود عن «Logos» الإلهية عندما قال في (مزمور ١١٩ : ٨٩): «**إِلَى الأَبَدِ يَا رَبُّ كَلِمَتُكَ مُثَبَّتَةٌ فِي السَّمَاوَاتِ**». فلا يمكن لأي مما يحدث على الأرض أن يغير أو يؤثر في هذه الأبدية المثبتة في السموات. ومن الجهة الأخرى تشتق كلمة ريما «Rhema» من فعل يعني «ينطق» وهي تدل على نحو خاص على «أحد الكلمات المنطوقة» وهي شيء يحدث في الزمان والمكان.

وعندما قال بولس في (رومية ١٠ : ١٧) إن «**إِذًا الإِيمَانُ بِالْخَبَرِ، وَالْخَبَرُ بِكَلِمَةِ اللهِ**»، استخدم كلمة «ريما» وليس «لوجوس». ويتفق هذا مع حقيقة ربطه «الكلمة» مع «الخبر (السماع)».

ومنطقياً، يجب أن تكون الكلمة منطوقة حتى يمكن سماعها.

بينما كنت أجلس على سريري في المستشفى وكتاب المقدس مفتوح على ركبتَيَّ كان كل ما أراه من وجهة النظر المادية هو صفحات بيضاء عليها علامات سواء مطبوعة. أما عندما وصلت إلى تلك الآيات في (أمثال ٤) عن كلام الله وأقواله التي هي صحة لكل جسدي، لم تعد بعد ذلك مجرد علامات سوداء على صفحات بيضاء، فقد أخذ الروح القدس ذات الكلمات التي ستوفي احتياجي في تلك اللحظة ومنحها حياته، فأصبحت تلك الكلمات «ريما» أي شيء يمكنني «سماعه» وهي صوت حي يتحدث إلى القلب؛ الله بنفسه تحدث مباشرة وعلى نحو شخصي إليَّ. وعندما سمعت كلماته، آمنت بها.

يتفق هذا مع تصريح بولس في (٢ كورنثوس ٣ : ٦) : «الْحَرْفَ يَقْتُلُ، وَلَكِنَّ الرُّوحَ يُحْيِي». فلا يمكن أن توجد «ريما» بعيداً عن الروح القدس. ففي الكتاب المقدس «اللوجوس» هي مشورة الله الكاملة المتاحة لي، ولكن «اللوجوس» واسعة جداً ومعقدة جداً حتى أنه لا يمكنني أن أدركها أو أستوعبها بالكامل. و«الريما» هي ذلك الطريق الذي يأتي به الروح القدس بأحد أجزاء «اللوجوس» من الأبدية ويربطه بالزمن، بالخبرة البشرية. و«الريما» هي ذلك القسم من «اللوجوس» الذي ينطبق على أحد النقاط المحددة في

الزمن وعلى ظروفي الخاصة. وتتحد «اللوجوس» «بالريما» على حياتي وبذلك تصبح خاصة وشخصية في خبرتي.

تأتي المبادرة في التعامل بين الله والإنسان والذي ينتج عنها الإيمان من الله. ولا يترك هذا مكاناً للعجرفة أو الغطرسة من جانبنا. وبالتأكيد يخبرنا بولس في (رومية ٣ : ٢٧) بأن ناموس الإيمان يستبعد التفاخر. إنما الله هو وحده الذي يعرف ويعرف أفضل منا ما هو ذلك القسم من «اللوجوس» الذي سيوفي احتياجاتنا في أي وقت. وهو يوجهنا بروحه القدس لذات الكلمة التي تخص احتياجاتنا ثم يهبها الحياة حتى تصبح ريما، أي صوتاً حياً. وتكون الاستجابة المطلوبة منا في تلك اللحظة هي السماع. ونحن ننال الإيمان بنفس القدر الذي به نسمع.

فما الذي يتضمنه الإيمان؟ من المهم أن نعرف ما هو المطلوب منا بأقصى دقة ممكنة، وكان هذا هو الدرس الأول الذي تلقيته في فراشي بالمستشفى. فبحكمة الله، لم تفي الكلمات التي جاءتني من (أمثال ٤) احتياجاتي الجسدية فحسب، بل قدمت نموذجاً كاملاً مفصلاً لمعنى «سماع» كلمة الله. وكما أشار لي الرب كانت الإرشادات المسجلة على زجاجة الدواء رباعية الجوانب فهي: **أولاً:** «**أَصْغِ**» (أمثال ٤ : ٢٠)، **ثانياً:** «**أَمِلْ أُذْنَكَ**» (آية ٢٠)، **ثالثاً:** «**لاَ تَبْرَحْ عَنْ عَيْنَيْكَ**» (آية ٢١)، **رابعاً:** «**احْفَظْهَا فِي وَسَطِ**

قَلْبِكَ» (آية ٢١). ودون إدراكي لذلك من البداية، فبينما كنت أتبع هذه الإرشادات كنت أسمع. وجاء الإيمان نتيجة لذلك. إذاً يتكون السماع من أربعة عناصر وهي:

١- نعطي انتباهاً خاصاً وغير منقسم لما يقوله الله لنا بروح القدوس. ونستبعد كل التأثيرات الدخيلة والمحيرة.

٢- نميل آذاننا، فنتخذ اتجاهاً متضعاً نحو الله. فنرفض آرائنا المسبقة وتحيزنا ونقبل لما يقوله الله في أوضح معانيه وأكثرها عملية.

٣- نركز عيوننا على الكلمة التي يوجهنا الله إليها، ولا نسمح لعيوننا أن تتجول بين العبارات التي تأتي من مصادر أخرى قد تناقض ما يقوله الله.

٤- حتى عندما لا تكون تلك الكلمات أمام أعيننا فإننا نتأمل فيها في قلوبنا ونحن بهذه الطريقة نتحفظ بها باستمرار في مركز وجودنا ويخترق تأثيرها كل مجالات حياتنا.

عندما تأتي إلينا كلمة الله بهذه الطريقة فإنها تكون محددة وشخصية. وسأشرح لك ذلك من خبرتي في المستشفى. تحدث الله إليَّ في ذلك الوقت باعتباري شخصاً خاصاً في ظروف خاصة. وقد أوضح لي كيف أستقبل شفائي. وكان عليّ أن أتناول كلمته

كدواء لي وأن أمتنع عن تناول جميع الأدوية الطبيعية، فأطعت وشفيت. ومع ذلك كان من الممكن أن يصبح الأمر خطئاً بالنسبة لي أن أفترض أن يصف الله بالضرورة نفس العلاج لشخص آخر أو حتى ليّ أنا في إحدى المراحل الأخرى لحياتي. وفعلياً في المناسبات اللاحقة عندما كنت أحتاج للشفاء لم يكن الله دائماً يوجهني لاستخدام نفس الطريقة، فكان هناك مرات قبلت فيها مساعدة الأطباء وأنا ممتن لهم ونلت الشفاء بهذه الطريقة.

إذاً، تأتي «الريما» لكل منا من الله مباشرة وعلى نحو فردي، لوقت خاص ومكان خاص. ونفترض مقدماً وجود علاقة حميمة متزايدة وشخصية مع الله. ويرشدنا الله بكل «ريما» متتالية في مسيرة الإيمان الفردية التي يدعونا إليها. وقد لا تتناسب الريما التي يعطيها الله لأحد المؤمنين مع «الريما» التي يعطيها لمؤمن آخر وقد لا تتناسب حتى مع نفس المؤمن في مرحلة أخرى من مراحل الحياة.

توضح الكلمات التي أجاب بها يسوع على الشيطان في التجربة الأولى في البرية الاعتماد التام على «الريما» التي يعطيها الله فقد قال له: «**لَيْسَ بِالْخُبْزِ وَحْدَهُ يَحْيَا الإِنْسَانُ، بَلْ بِكُلِّ كَلِمَةٍ تَخْرُجُ مِنْ فَمِ اللهِ**» (متى ٤ : ٤). وكلمة تخرج هي في زمن المضارع المستمر. فيمكننا أن نقول «كل كلمة بينما تخرج من

فم الله». وقد تكلم يسوع عنا بكلمة خاصة خارجة مباشرة من فم الله، وهي كلمة تزودها نفخة فمه بالطاقة أو بمعنى آخر يزودها الروح القدس بالطاقة، وهذا هو خبزنا اليومي فهو دائما طازج ودائماً «آتٍ من الله» ففيما نحيا في اعتماد كامل على الكلمة تهبنا يومياً الإيمان الذي به نحيا البار.

ويمكننا أن نوجز العلاقة بين «اللوجوس» و«الريما» في العبارات التالية:

- تأخذ «الريما» «اللوجوس» الأبدي وتدخله في الزمن.
- تأخذ «الريما» «اللوجوس» السماوي وتحضره إلى الأرض.
- تأخذ «الريما» «اللوجوس» الكامن وتجعله حقيقية.
- تأخذ «الريما» «اللوجوس» العام وتجعله خاصة.
- تأخذ «الريما» قسماً من «اللوجوس» الكلي وتقدمه في شكل يستوعبه الإنسان.
- «الريما» هي مثل كل قطعة مكسورة من الخبز الذي أشبع به يسوع الجموع فهو مناسب لكل احتياج وقدرة، وكثيراً ما يأتي إلينا عن طريق الآخرين.

من السموات إلى الأرض

قدم إشعياء العلاقة بين «اللوجوس» و«الريما» في صورة مجازية حية فقال:

لأَنَّ أَفْكَارِي لَيْسَتْ أَفْكَارَكُمْ وَلاَ طُرُقُكُمْ طُرُقِي، يَقُولُ الرَّبُّ.

لأَنَّهُ كَمَا عَلَتِ السَّمَاوَاتُ عَنِ الأَرْضِ هكَذَا عَلَتْ طُرُقِي عَنْ طُرُقِكُمْ وَأَفْكَارِي عَنْ أَفْكَارِكُمْ.

لأَنَّهُ كَمَا يَنْزِلُ الْمَطَرُ وَالثَّلْجُ مِنَ السَّمَاءِ وَلاَ يَرْجِعَانِ إِلَى هُنَاكَ، بَلْ يُرْوِيَانِ الأَرْضَ، وَيَجْعَلاَنِهَا تَلِدُ وَتُنْبِتُ وَتُعْطِي زَرْعاً لِلزَّارِعِ وَخُبْزاً لِلآكِلِ.

هكَذَا تَكُونُ كَلِمَتِي الَّتِي تَخْرُجُ مِنْ فَمِي. لاَ تَرْجِعُ إِلَيَّ فَارِغَةً، بَلْ تَعْمَلُ مَا سُرِرْتُ بِهِ، وَتَنْجَحُ فِي مَا أَرْسَلْتُهَا لَهُ.

لأَنَّكُمْ بِفَرَحٍ تَخْرُجُونَ وَبِسَلاَمٍ تُحْضَرُونَ. الْجِبَالُ وَالآكَامُ تُشِيدُ أَمَامَكُمْ تَرَنُّماً، وَكُلُّ شَجَرِ الْحَقْلِ تُصَفِّقُ بِالأَيَادِي.

عِوَضاً عَنِ الشَّوْكِ يَنْبُتُ سَرْوٌ، وَعِوَضاً عَنِ الْقَرِيسِ يَطْلَعُ آسٌ. وَيَكُونُ لِلرَّبِّ اسْماً عَلاَمَةً أَبَدِيَّةً لاَ تَنْقَطِعُ.

لدينا هنا مستويان مختلفان وهما: المستوى السماوي والمستوى الأرضي. فعلى المستوى السماوي هناك «اللوجوس»

الإلهي الذي هو : طرق الله وأفكاره ومشورة الله الكلية المثبتة في السموات إلى الأبد . وعلى المستوى الأرضي هناك طرق الإنسان وأفكاره وهي منخفضة جداً عن تلك التي لله كما أنها تتعارض معها فعلياً . وليس من طريق يمكن به للإنسان أن يرفع من مستواه ليصل إلى مستوى الله ، ولكن يمكن لطرق الله وأفكاره أن تهبط إلى الإنسان . ويقول الله إن كلمته التي تخرج من فمه سوف تكون مثل المطر والثلج الذي ينزل الرطوبة التي تهب الحياة للأرض .

وهذه هي نفس الكلمة التي تحدث عنها يسوع في (متى ٤ : ٤) والتي هي « **كَلِمَةٍ تَخْرُجُ مِنْ فَمِ اللهِ** » ، وهي الكلمة التي بها يحيا الإنسان . و« الريما » أحد أجزاء « اللوجوس » السماوي الذي ينزل إلى الأرض وهكذا يهبنا بعضاً من طرق الله وأفكاره التي تنطبق على موقفنا وتوفي احتياجاتنا في الحاضر .

وعندما نستقبل « الريما » ونطيعها يأتي إلى حياتنا النشاط والثمر الذي يمجد الله . وبذلك « **بِفَرَحٍ تَخْرُجُونَ** » (إشعياء ٥٥ : ١٢) ، و« **وَبِسَلاَمٍ تُحْضَرُونَ** » (نفس الآية السابقة) . « **عِوَضاً عَنِ الشَّوْكِ (يَنْبُتُ) سَرْوٌ، وَعِوَضاً عَنِ الْقَرِيسِ (يَطْلَعُ) آسٌ** » (آية ١٣) . وعندما نستقبل « الريما » من فم الله نستبدل « **الشوك** » والقريس . أي طرقنا وأفكارنا « **بالسرو** » و« **الآس** » أي طرق الله وأفكاره .

من السموات إلى الأرض

لكي نوضح على نحو أفضل تلك الطريقة التي تأتي بها «الريما» وكذلك النتائج التي تقدمها، سوف نطرح حديثين جميلين من الأسفار المقدسة أحدهما من العهد القديم عن داود، والآخر من الجديد العذراء مريم.

نرى في (١ أخبار ١٧) داود وقد تثبت ملكاً على إسرائيل وكان منتصراً، وناجحاً، ومطمئناً. وعندما قارن داود قصره الفاخر وبين خيمة الاجتماع المتضعة التي مازال يوضع بداخلها تابوت عهد الله المقدس ووجد التناقض بينهما، تمنى أن يبني هيكلاً يليق بالله وبعهده. وكان ناثان النبي الذي شاركه داود برغبته، قد شجعه في البداية بحرارة على ذلك، إلا أن الله كلم ناثان في تلك الليلة وأرسله إلى داود برسالة مختلفة. وبدأت الرسالة هكذا: «أَنْتَ لاَ تَبْنِي لِي بَيْتاً لِلسُّكْنَى» (آية ٤)، أما نهايتها فكانت هكذا: «وَأُخْبِرُكَ أَنَّ الرَّبَّ يَبْنِي لَكَ بَيْتاً» (آية ١٠).

نجد هنا مثالاً على الاختلاف بين طرق الله وأفكاره وطرق الإنسان وأفكاره. أراد داود أن يبني بيتاً لله. أما الوعد الذي عاد إليه من الله فكان على المستوى السماوي وهو يعلو كثيراً عما

يمكن لداود أن يتخيله. وفضلاً عن ذلك استخدم داود كلمة «بيت» بمعناها المادي كمجرد مكان للسكن. أما الله فقد استخدم في وعده كلمة «بيت» بمعناها الأوسع وهو معني النسل الدائم أي السلالة الملكية التي ستستمر للأبد.

وأحضر ناثان لداود في رسالته «ريما» أي كلمة مباشرة شخصية من الله. واستجابة لها «فَدَخَلَ الْمَلِكُ دَاوُدُ وَجَلَسَ أَمَامَ الرَّبِّ» (١أخ ١٧ : ١٦). فماذا كان يفعل؟ أولاً: :كان بدون شك عليه أن يضع جانباً خططه الخاصة وأفكاره المسبقة. وبينما يفرغ نفسه منها تدريجياً، تأمل في رسالة الله بانتباه، وسمح لها أن تخترق أعماق وجوده وهكذا شعر بالسكون الداخلي حتى يسمع. وأخيراً، جاء الإيمان من السماع، وكان الإيمان يحتاج لتملك ما وعد به الله. وأجاب داود عندما كان لايزال جالساً في محضر الله فقال: «وَالآنَ أَيُّهَا الرَّبُّ، لِيَثْبُتْ إِلَى الأَبَدِ الْكَلاَمُ الَّذِي تَكَلَّمْتَ بِهِ عَنْ عَبْدِكَ وَعَنْ بَيْتِهِ وَافْعَلْ كَمَا نَطَقْتَ» (آية ٢٣).

كان «الريما» هي «الكلام الذي تكلمت به». وهي لا تنشأ على المستوى الأرضي الذي لطرق داود وأفكاره الخاصة، بل أنها جاءت من السموات وأحضرت معها طرق الله وأفكاره إلى داود. وعندما سمع داود هذه «الريما» وسمح لها أن تُثمر الإيمان في داخله، امتلك الوعد الخاص بها بالصلاة التي رفعها التي تشمل

هذه الكلمات القصيرة وهي: «**وَافْعَلْ كَمَا نَطَقْتَ**». وتمثل هذه الكلمات أكثر الصلوات فاعلية مما يمكن لأحد زن يرفع، فهي بسيطة جداً، ومنطقية جداً ومع ذلك فهي قادرة جداً، وبمجرد أن نقتنع حقيقة بأن الله قال لنا شيئاً ما وأننا بدورنا طلبنا منه أن يفعل كما نطق، فكيف يمكننا أن نشكل في أنه سيفعل ذلك؟ وأي قوة في السماء أو على الأرض بإمكانها أن تمنعه؟

نتنقل من داود عبر ألف سنة من التاريخ اليهودي إلى إحدى الأحفاد المتضعين في هذه السلالة الملكية وهي فتاة قروية اسمها مريم كانت تعيش في الناصرة، وظهر لها ملاك برسالة من عرش الله فقال لها:

«**وَهَا أَنْتِ سَتَحْبَلِينَ وَتَلِدِينَ ابْناً وَتُسَمِّينَهُ يَسُوعَ.**

هَذَا يَكُونُ عَظِيماً، وَابْنَ الْعَلِيِّ يُدْعَى، وَيُعْطِيهِ الرَّبُّ الإِلَهُ كُرْسِيَّ دَاوُدَ أَبِيهِ.

وَيَمْلِكُ عَلَى بَيْتِ يَعْقُوبَ إِلَى الأَبَدِ، وَلاَ يَكُونُ لِمُلْكِهِ نِهَايَةٌ».

(لوقا ١ : ٣١-٣٣)

عندما ارتابت مريم العذراء في كيفية تحقيق ذلك، شرح لها الملاك أنه سيكون بقوة الروح القدس الخارقة للطبيعة. واختتم رسالته بهذه الكلمات «**لأَنَّـهُ لَيْسَ شَيْءٌ غَيْرَ مُمْكِنٍ لَدَى اللهِ**» (لوقا ١ : ٣٧). وتعني «**لَيْسَ شَيْءٌ**» في الأصل اليوناني حرفياً

«لا كلمة» أي «لا ربما». ويمكن ترجمة استجابة الملاك بدقة تماماً كالتالي: «لن يعوزك أي كلمة (ربما) قوة من الله». أو على نحو أكثر سخاءً «تحتوي كل كلمة من الله على القوة لتنفيذها». وقد اعتمدت النتيجة على استجابة مريم. فقد أجابت «**هُوَذَا أَنَا أَمَةُ الرَّبِّ. لِيَكُنْ لِي كَقَوْلِكَ**» (لوقا ١ : ٣٨). فتحت مريم بهذه الكلمة قدرة الله الخارقة للطبيعة التي في الربما وفتحت نفسها لتحقيقها في جسدها المادي. ونتيجة لذلك تحققت أعظم معجزة في التاريخ البشري وهي: ميلاد الابن الأبدي لله في رحم عذراء.

توازي استجابة مريم في بساطتها تلك التي قدمها داود. فقد قال داود: «**وَافْعَلْ كَمَا نَطَقْتَ**» (١أخبار ١٧ : ٢٣). وقالت مريم: «**لِيَكُنْ لِي كَقَوْلِكَ**» (لوقا ١ : ٣٨). وفتحت كلتا هاتين الإجابتين البسيطتين قدرة الله التي تصنع المعجزات لتنجز الوعد الذي أُعطي لكل منهما. وشملت «الربما» التي تم قبولها بالإيمان في كلتا الحالتين القدرة على تحقيقها.

قد يرتاب البعض في العبارة التي ذكرتها بأن معجزة ميلاد يسوع اعتمدت على إيمان العذراء مريم، ومع ذلك فقد أشارت الكلمات التي وجهتها اليصابات لمريم إلى هذا الأمر فقد قالت «**فَطُوبَى لِلَّتِي آمَنَتْ أَنْ يَتِمَّ مَا قِيلَ لَهَا مِنْ قِبَلِ الرَّبِّ**» (لوقا ١ : ٤٥). ويتضح لنا المعنى الذي تتضمنه وهو: أن تحقيق الوعد قد حدث

لأن مريم آمنت به. وبدون ذلك لم يكن ليوجد طريق أمام قدرة الله التي تصنع المعجزات لكي تمم ما قد وعد به.

ولنرَ كيف توازت خبرات داود ومريم معاً:

١- جاء لكل منهما «ريما» أي كلمة مباشرة وشخصية من الله.

٢- عبرت هذه «الريما» عن طرق الله وأفكاره التي تعلو فوق كل ما يمكنهما أن يتخيلا بتفكيرهما أو تخيلاتهما.

٣- عندما سمع كلاهما «الريما»، منحتهما الإيمان.

٤- عبر كلاهما عن الإيمان بعبارة بسيطة توافق على الوعد المقدم: «**وَافْعَلْ كَمَا نَطَقْتَ**» (١أخبار ١٧ : ٢٣. و«**لِيَكُنْ لِي كَقَوْلِكَ**» (لوقا ١ : ٣٨).

٥- فتح الإيمان الذي تم التعبير عنه بهذه الطريقة المجال لقدرة الله في «الريما» لكي تُنتِج إنجاز ما وُعِدَ به.

ما زال الله يعمل بنفس الطريقة اليوم مع شعبه المؤمن. وهو يأخذ من «اللوجوس» الذي هو مشورته الأبدية، «ريما» أي كلمة خاصة تناسب موقفاً معيناً في الزمان والمكان. ويأتي الإيمان عندما «نسمع» تلك الريما. ثم عندما نستخدم الإيمان الذي نكوون قد حصلنا عليه في امتلاك الريما، فإننا نكتشف أن أي كلمة من الله تحتوي في اتها على القدرة التي تحتاجها لكي تنج.

المخلص

يقدم الكتاب المقدس متطلبات الله للإيمان. ولكنه يوضح لنا أيضاً كيف نكتسب الإيمان. وتخبرنا (رومية ١٠ : ١٧) أن «**الإِيمَانُ بِالْخَبَرِ**» بكلمة من الله أي «الريما» التي يعطيها الله وهي كلمته التي يجعلها الروح القدس حية وشخصية.

يجب أن نعرف العلاقة بين «اللوجوس» و«الريما». «فاللوجوس» هو مشورة الله غير المتغيرة المثبتة في السموات إلى الأبد، و«الريما» هي الطريق الذي يحضر به الروح القدس قسماً من «اللوجوس» من الأبدية ويصلها بالزمن والخبرة البشرية. ويصبح «اللوجوس» محدوداً وشخصياً بالريما، فعندما سمعت تلك الريما بدأ الإيمان يأتي إليّ.

فما الذي يعنيه السماع (الخبر)؟ يقدم لنا (أمثال ٤ : ٢٠-٢٤) مثالاً جيداً وعملياً وقد أشرت إليه بصفته «زجاجة الدواء التي يقدمها الله». وتشمل الإرشادات المسجلة على زجاجة الدواء الأربعة عناصر التي تكوّن السماع وهي: أولاً: أعطِ اهتماماً خاصاً منقسم لما يقوله الله لك بالروح القدس.

وثانياً: اتخذ اتجاهاً متضعاً مستعداً للتعلّم.

وثالثاً: ركز عينيك على الكلمات التي يوجهك الله إليها.

ورابعاً: تأمل باستمرار فيها في قلبك.

«الريما» هي كلمة من الله تخرج من فمه الله. وعندما نستمر في سماع كل الكلمات التي تأتي إلينا، فإنها تقدم لنا الخبز اليومي الذي نحافظ به على حياتنا الروحية ومسيرتنا مع الله.

كما أن «الريما» تقارن بالمطر والثلج اللذَين يأتيان برطوبة السماء التي تعطي الحياة للأرض فيستبدلان الجدب بالإثما. وتأتي «الريما» بطرق الله وأفكاره على مستوانا البشري وتستبدل طرقنا وأفكارنا بطرق الله وأفكاره.

يقدم الملك داود والعذراء مريم مثالين لكليفة عمل «الريما»، فقد خطط داود لبناء بيت للرب، إلا أن الرب أسرل له «ريما» قائلاً: إنه سيبني بيتاً له. وأرسل الله «ريما» لمريم مع الملاك جبرائيل قائلاً إنها ستصبح أم المسيا الذي تنتظره إسرائيل منذ فترة طويلة، أي ابن الله. وفي كلتا الحالتين، عندما سمع داود ومريم تلك «الريما» فإنها منحتهما الإيمان، فأصبحا قادرين بالإيمان على الحصول على تحقيق ما وعدت به «الريما». وكانت استجابتهما بسيطة ولكنها كافية: «**وَافْعَلْ كَمَا نَطَقْتَ**» (١أخبار ١٧ : ٢٣)، و«**لِيَكُنْ لِي كَقَوْلِكَ**» (لوقا ١ : ٣٨).

٧
يجب أن نعترف الإيمان

بمجرد أن يأتي الإيمـان لابـد وأن يمر بثلاث ماحل ألا وهي: الاعتراف، الممارسة، والاختبار. يمكننا أن نسمي الثلاثة «يجب» العظمى للإيمان. فجيب أن يُعترَف بالإيمان بالفم، ويجب أن يُمارس الإيمان بالأعمال، ويجب أن يُختبر الإيمان بالشدائد.

الاعتراف بالفم

الكلمتان «يعترف» و«اعتراف» هما من المصطلحات المهمة المذكورة في الأسفار المقدسة ولهما معنى خاص، فالفعل اليوناني «homologeo» الذي يُترجم قياساً إلى يعترف يعني حرفيً «يقول تماماً مثل». إذاً فالاعتراف هو « تقول تماماً مثل». وعلى أية حال يستخدم المترجمون أحياناً كلمات «يقر» و«إقرار» المتصلتين بهما بدلاً من «يعترف» و«اعتـراف». ويستخدم المؤمنون عبارة «يقر بالإيمان» على نحو موسع كمرادف لعبارة «يعترف بالإيمان» التي

هي المصطلح الذي سأستخدمه في هذا الفصل. وبصرف النظر عن الكلمة التي نستخدمها، يظل المعنى الأساسي لكلمتي «يعترف» و«يقر» هو ذات المعنى وهو: أن تقول تماماً مثل...

وهكذا يتصل الاعتراف مباشرة ودائماً بكلمة الله، فالاعتراف هو أن نقول بأفواهنا تماماً مثلما يقول الله في كلمته، وهو أن نجعل كلام أفواهنا يتفق مع كلمة الله المكتوبة.

يقول كاتب (المزمور ١١٦: ١٠): «**آمَنْتُ لِذَلِكَ تَكَلَّمْتُ**». ويطبق بولس في (٢كورنثوس ٤: ١٣) هذه الكلمات على اعتراف إيمننا فيقول: «**فَإِذْ لَنَا رُوحُ الإِيمَانِ عَيْنُهُ، حَسَبَ الْمَكْتُوبِ آمَنْتُ لِذَلِكَ تَكَلَّمْتُ، نَحْنُ أَيْضاً نُؤْمِنُ وَلِذَلِكَ نَتَكَلَّمُ أَيْضاً**». فالتكلم هو طريقة الإيمان الطبيعية للتعبير عن نفسه، والإيمان الذي لا يتكلم هو مثل الجنين المولود ميتاً.

يؤكد الإنجيل بأكمله علي وجود اتصال مبار بين أفواهنا وقلوبنا. فما يحدث لأحدهما لا يمكننا فصله عما يحدث للآخر. ويخبرنا يسوع في (مت ١٢: ٣٤) «**فَإِنَّهُ مِنْ فَضْلَةِ الْقَلْبِ يَتَكَلَّمُ الْفَمُ**»، وتقول إحدى الترجمات الحديثة: «**فإنه من فضلة القلب يتكلم الفم**»، بمعنى آخر الفم هو صمام التدفق للقلب، ومهما كان ما يخرج من صمام التدفق هذا هو يشير لمحتويات القلب.

في العالم الطبيعي، عندما يحتوي الماء الخارج من صمام التدفق لأحد خزانات المياه على ذرات الرمال أو على فطريات، فلن يفيد الادعاء بأن الماء الذي في الخزان ماء نقي. فلابد أن هناك رمال أو فطريات في مكان ما منه. وكذلك الأمر مع قلوبنا، فإن كانت قلوبنا مملوءة بالإيمان، فسوف تعبر كلمات أفواهنا عن هذا الإيمان. أما إن خرجت من أفواهنا كلمات الشك أو عدم الإيمان، فإنها تشير بطريقة حتمية إلى وجود الشك أو عدم الإيمان في مكان ما في قلوبنا.

عندما كنت جندياً ملازماً للفراش في المستشفى وتابع للقوات البريطانية في شمال أفريقيا في الحرب العالمية الثانية، كن عملي قريباً من أحد الأطباء الإسكتلنديين، وكان مسئولاً عن إحدى المستشفيات الميدانية التي لا تعالج إلا حالات الدوسنتاريا. في جولاتنا معاً على المرضى كل صباح يوجه هاتين الجملتين بلا تغيير وهما: «كيف حالك؟» و«أرني لسانك!».

لاحظت أثناء مشاركتي له في هذه الخدمة الطبية كل يوم أن الطبيب كان أكثر اهتماماً بحالة لسان المريض عن اهتمامه بالإجابة عن سؤاله: «كيف حالك؟» وتأملت عدة مرات منذ ذلك الحين في أن هذا الأمر ينطبق على علاقتنا مع الله. فقد نقدم لله تقييمنا الخاص عن حالتنا الروحية، أما الله فيحكم في تحليله

النهائي أساساً مثل الطبيب على لساننا.

عندما عرف بول المتطلبات الأساسية للخلاص، وضع تأكيداً مساوياً علي الإيمان الذي في القلب وعلى الاعتراف بالفم فقال:

«لَكِنْ مَاذَا يَقُولُ؟ «اَلْكَلِمَةُ قَرِيبَةٌ مِنْكَ فِي فَمِكَ وَفِي قَلْبِكَ» أَيْ كَلِمَةُ الإِيمَانِ الَّتِي نَكْرِزُ بِهَا.

لأَنَّكَ إِنِ اعْتَرَفْتَ بِفَمِكَ بِالرَّبِّ يَسُوعَ، وَآمَنْتَ بِقَلْبِكَ أَنَّ اللهَ أَقَامَهُ مِنَ الأَمْوَاتِ، خَلَصْتَ.

لأَنَّ الْقَلْبَ يُؤْمَنُ بِهِ لِلْبِرِّ، وَالْفَمَ يُعْتَرَفُ بِهِ لِلْخَلاَصِ»

(رومية ١٠ : ٨ - ١٠).

يتحدث بولس في كل آية من هذه الآيات الثلاثة عن الفم والقلب أما النظام الذي يتحدث به عنهما فهو أمر ذو مغزى، ففي الآية الثامنة يأتي الفم أولاً ثم القلب. ونجد نفس الترتيب يتكرر في الآية التاسعة فالفم أولاً ثم القلب، أما في الآية العاشرة فقد انعكس الترتيب: فجاء القلب أولاً ثم الفم.

أعتقد أن ذلك يتطابق مع تجربتنا العملية. فنحن نبدأ بكلمة الله في أفواهنا. ونقبلها في قلوبنا عندما نعترف بها بأفواهنا. وكلما اعترفنا بها بأفواهنا بإصرار، زاد ثباتها ورسوخها في

قلوبنا، وبمجرد أن يثبت الإيمان بذلك في قلوبنا، لا نحتاج لأي مجهود واعٍ لكي نقدم الاعتراف الصحيح. ويتدفق الإيمان بشكل طبيعي فيما نقوله بأفواهنا. ومن ثم، فعندما نستمر في التعبير عن إيماننا بأفواهنا، فإننا نشق طريقنا تدريجياً إلى ملء فوائد الخلاص.

وقد تأكدت في أحد الأيام من هذه العملية عندما اكتشفت أن عبارة «يحفظ عن ظهر قلب» يقابلها في اللغة العبرية «يحفظ باللسان». وعرفت أن عبارة «يحفظ عن ظهر قلب» تصف النتيجة التي يجب أن تتحقق، أما العبارة العبرية «يحفظ باللسان» فهي تصف الطريقة العملية التي نحقق بها هذه النتيجة. فلي نحفظ الأمور عن ظهر قلب نكررها بألسنتنا، ونستمر نقولها مراراً وتكراراً حتى نصل لمرحلة يتم فيها هذا الأمر بطريقة تلقائية، وبهذه الطريقة يصبح ما نقوله بأفواهنا منقوشاً في النهاية على قلوبنا.

كانت تلك هي الطريقة التي حفظت بها جدول الضرب عندما كنت صبياً، فقد ظللت مراراً وتكراراً أعيده قائلاً: حاصل ضرب سبعة في سبعة هو تسعة وأربعون، وحاصل ضرب سبعة في ثمانية هو ستة وخمسون، وحاصل ضرب سبعة في تسعة هو ثلاثة وستون، وهكذا. وأخيراً لم يعد الأمر يحتاج لبذل أي

مجهود؛ فقد أصبحت أفكر في الإجابة وأنطقها تلقائياً. وقد نُقِشت حقائق جدول الضرب في قلبي بشكل راسخ بل أصبحت جزءاً مني. والآن وبعد مرور سبعين سنة، يمكنك أن توقظني في منتصف ليلة عاصفة ترعد فيها السماء وتسألني: «ما هو حاصل ضرب سبعة في سبعة؟» ورغم أني قد أتعجب من سبب سؤالك لي، فسوف أجيبك دون مجهود أو تردد «تسعة وأربعون».

هكذا تنقش كلمة الله في قلوبنا بشكل راسخ. ويمكننا في كل مرة يظهر فيها أحد الاحتياجات أو نواجه أحد التحديات، أن نعترف بكلمة الله التي تنطبق على ذلك الموقف. وقد نجد هناك صراعاً في البداية، وقد تحثنا مشاعرنا على ألا نقول ما يتفق مع كلمة الله، إلا أنه يجب أن نقاوم مشاعرنا بإصرار ونجعل كلمات أفواهنا تتفق مع كلمة الله. وفي النهاية لن تبقى أية صراعات، وسوف يكون من الطبيعي أن ننطق بأفواهنا نفس ما يقوله الله في كلمته فيما يتعلق بكل موقف.

التمييز بين الإيمان والمشاعر أمر جوهري، فمشاعرنا تقوم على حواسنا، وكثيراً ما تكون نتائجها مناقضة لكلمة الله. أما الإيمان فهو كما شاهدنا بالفعل يصلنا بالعالم غير المرئي لله وكلمته. وكلما تصارع الإيمان والمشاعر، وجب علينا أن نقرر اتخاذ موقف التأييد للإيمان لا للمشاعر وذلك بالاعتراف بذلك.

هناك ثلاثة كلمات تبدأ بنفس الحرف في اللغة الإنجليزية ويجب أن نرتبها ترتيباً صحيحاً ألا وهي: الحقائق (Facts)، والإيمان (Faith)، والمشاعر (Feelings). فنجد الحقائق في كلمة الله وهي لا تتغير ويتخذ الإيمان موقف التأييد لحقائق كلمة الله، أما المشاعر فقد تتذبذب، إلا أنه عندما يثبت الإيمان راسخاً، فسوف تسير في نفس الخط مع الحقائق. ومن جهة أخرى، فإذا بدأنا في الاتجاه المعاكس أي بمشاعرنا بدلاً من الحقائق فسوف ينتهي بنا الأمر دائماً بالمشاكل. فالمشاعر تتغير ساعة بعد ساعة، ولحظة بعد لحظة. وإذا أسسنا حياتنا على مشاعرنا فستكون حياتنا غير مستقرة كما هو الحال مع مشاعرنا. «أَمَّا الْبَارُّ فَبِالإِيمَانِ يَحْيَا» (رومية ١ : ١٧) وليس بالمشاعر.

خمسة ضمانات عملية

هذه الممارسة لتقديم الاعتراف الصحيح بأفواهنا بإصرار هي أمر شديد الفعالية وشديد القوة. ومع ذلك، فإن تضليل هذا الاعتراف يقود لانتهاكات خطيرة روحياً. فقد ينحرف على سبيل المثال إلى نموذج التفكير الخاص «بالتركيز على أحد الموضوعات». وقد نشر هذا التعليم الفيلسوف الفرنسي كوي Coue الذي قدم علاجاً لبعض مشاكل الحياة بأن تُردد: «أنا

أتحسن للأفضل والأفضل في كل يوم وبكل طريقة». وإحدى المخاطر الأخرى هي أنه قد يتخيل أحد المؤمنين الغيورين غير الناضجين أنه قد اكتشف طريقة يلوي بها ذراع الله، طريقة ليجبر القدر بها على إيفاء كل طلباته. أو قد يقتصر مفهومنا لله بأنه مجرد ماكينة بيع سماوية لا تحتاج إلّا لوضع العملة الصحيحة في الفتحة الصحيحة لكي تقدم نوعاً معيناً من الإشباع الجسدي الذي نختاره.

لتجنب الانتهاكات من ذلك النوع، اقترح خمس ضمانات تقدمها الأسفار المقدسة. فالضمانات الأول هو هذا: إننا نحتاج أن نختبر الاتجاه الذي نقترب به من الله. وقد قدم كاتب رسالة العبرانيين التعليق التالي على الصلاة التي قدمها يسوع في بستان جثسيماني فقال: ﴿وَسُمِعَ لَهُ مِنْ أَجْلِ تَقْوَاهُ(٢٤)﴾ (عبرانيين ٥ : ٧). فقد عبر يسوع عن اتجاه التقوى (أو الخضوع المبجل لله) بهذه الكلمات: ﴿وَلَكِنْ لِتَكُنْ لاَ إِرَادَتِي بَلْ إِرَادَتُكَ﴾ (لوقا ٢٢ : ٤٢). وقد وضعت هذه الكلمات النموذج الذي يجب أن نتبعه جميعاً. وما لم نرفض إرادتنا الخاصة ونخضع لإرادة الله، فلن يكون لنا أي أساس من الأسفار المقدسة نطالب بمقتضاه بالاستجابة لصلواتنا أو الانتفاع بخلاصنا.

---

(٢٤) هي في الأصل «وسُمع له من أجل خضوعه لله».

الضمان الثاني هو : إننا لسنا أحراراً في الاعتراف بأي شيء نتخيله بأنفسنا أو نرغب فيه بشكل إجباري، فيجب أن يظل اعترافنا ضمن حدود كلمة الله. ويمكن لأي نوع من الاعتراف غير المؤسس مباشرة على ما تقوله الأسفار المقدسة أن يتحول لفكر حالم، أو لتعصب.

والضمان الثالث هو : لا يمكننا البتة ألا نكون معتمدين على قيادة الروح القدس. يخبرنا بولس في (رومية ٨ : ١٤) عن من هم أبناء الله الحقيقيين فيقول : «لأَنَّ كُلَّ الَّذِينَ يَنْقَادُونَ بِرُوحِ اللهِ فَأُولَئِكَ هُمْ أَبْنَاءُ اللهِ». ينطبق هذا على الاعتراف الذي نقدمه بأفواهنا بنفس قدر تطبيقه على أي من الجوانب الأخرى للحياة المسيحية. فيجب أن يقودنا الروح القدس إلى أجزاء معينة في الأسفار المقدسة نحتاج إلى الاعتراف بها في أي موقف نتعرض له، فقد رأينا في الفصل السابق أن الروح القدس وحده هو الذي يمكنه أخذ «اللوجوس» الأبدي وتطبيقه على كل المواقف في شكل «الريما» الحية العملية.

الضمان الرابع هو كما يلي : لا يمكننا البتة التوقف عن الاتكال على نعمة الله الخارقة للطبيعة. ذكر بولس في (أفسس ٢ : ٨) نتيجة لن تتغير أبداً فقال : «النعمة دائماً أولاً ثم الإيمان. فإن حدث وتوقفنا عن الاتكال على نعمة الله وقدرته، واتكلنا على

قدراتنا فسيحدث معنا مثلما حدث مع إبراهيم أي نجب إسماعيل بدلاً من إسحق.

أما الضمان الخامس والأخير فهو هذا: من المهم أن نقيّم الدلائل التي تقدمها حواسنا تقييماً صحيحاً. فلا يطلب الله منا أن نغمض عيوننا ونغلق آذاننا ونسير كما لو كان العالم الطبيعي المادي المحيط بناو غير موجود، فالإيمان ليس تصوفاً ونحن لا نشك في حقيقة ما تكشفه لنا حواسنا، بل نشكك في أن تكون نهائية.

يبدأ بولس ف (رومية ٤ : ١٦-٢١) بالتأكيد على أن الإيمان النافع يجب أن يعتمد دائماً على نعمة الله. ثم يظهر لنا كيف حسم إبراهيم الصراع بين الإيمان والحواس فقال:

«لِهَذَا هُوَ مِنَ الإِيمَانِ كَيْ يَكُونَ عَلَى سَبِيلِ النِّعْمَةِ، لِيَكُونَ الْوَعْدُ وَطِيدًا لِجَمِيعِ النَّسْلِ. لَيْسَ لِمَنْ هُوَ مِنَ النَّامُوسِ فَقَطْ، بَلْ أَيْضًا لِمَنْ هُوَ مِنْ إِيمَانِ إِبْرَاهِيمَ، الَّذِي هُوَ أَبٌ لِجَمِيعِنَا.

كَمَا هُوَ مَكْتُوبٌ: «إِنِّي قَدْ جَعَلْتُكَ أَبًا لأُمَمٍ كَثِيرَةٍ». أَمَامَ اللهِ الَّذِي آمَنَ بِهِ الَّذِي يُحْيِي الْمَوْتَى، وَيَدْعُو الأَشْيَاءَ غَيْرَ الْمَوْجُودَةِ كَأَنَّهَا مَوْجُودَةٌ.

فَهُوَ عَلَى خِلاَفِ الرَّجَاءِ آمَنَ عَلَى الرَّجَاءِ، لِكَيْ يَصِيرَ أَبًا لأُمَمٍ كَثِيرَةٍ كَمَا قِيلَ: هكَذَا يَكُونُ نَسْلُكَ.

وَإِذْ لَمْ يَكُنْ ضَعِيفًا فِي الإِيمَانِ لَمْ يَعْتَبِرْ جَسَدَهُ وَهُوَ قَدْ صَارَ مُمَاتًا، إِذْ كَانَ ابْنَ نَحْوِ مِئَةِ سَنَةٍ - وَلاَ مُمَاتِيَّةَ مُسْتَوْدَعِ سَارَةَ.

وَلاَ بِعَدَمِ إِيمَانٍ ارْتَابَ فِي وَعْدِ اللهِ، بَلْ تَقَوَّى بِالإِيمَانِ مُعْطِيًا مَجْدًا لِلّهِ. ٢١وَتَيَقَّنَ أَنَّ مَا وَعَدَ بِهِ هُوَ قَادِرٌ أَنْ يَفْعَلَهُ أَيْضًا»

(رومية ٤ : ١٦-٢١).

كانت حواس إبراهيم قد أخبرته بأنه غير قادر جسدياً على إنجاب طفل وتربيته وأن سارة كذلك غير قادرة على ولادة طفل، ومع ذلك وعد الله بابن ينجباه بأنفسنا. لم يتظاهر إبراهيم بأن ما تعلنه له حواسه عن جسده وجسد سارة، غير حقيقي، ولكنه رفض ببساطة أن تكون تلك الأمور نهائية، فعندما تعطيه كلمة الله وعداً بأمر ما وتخبره مشاعره بعكس ذلك، فإنه يتمسك بإصرار بوعد الله ولا يدع حواسه تشككه في ذلك الوعد. وأخيراً، بعد أن اختبر الله إيمانهما تغير كل من جسد إبراهيم وجسد سارة لكي ينفذا ما عود الله به. وأصبح كلاهما قادراً فعلياً بجسده أن ينجب طفلاً.

سيحدث معنا نفس الشيء. فقد تكون هناك فترة صراع بين ما تعلنه كلمة الله وما تخبرنا به حواسنا بخصوص موقف معين. أما إن كان إيماننا نافعاً، وإن تمسكنا به كما فعل إبراهيم، محافظين

بثبات على الاعتراف الصحيح فإن الحالة الجسدة التي تواجهنا بحواسنا سوف تذعن في الوقت المناسب ما يجب أن تقوله كلمة الله عن ذلك الموقف.

الاعتراف للخلاص

شاهدنا كيف اختتم بولس تعاليمه في (رومية ١٠: ١٠) بهذه العبارة «**وَالْفَمَ يُعْتَرَفُ بِهِ لِلْخَلاَصِ**» (آية ١٠). ويشير الحرف «لـ» للحركة، أو التقدم. ونحن بكلمات أخرى نتقدم بالتدريج نحو الخلاص عندما نقدم الاعتراف الصحيح.

ومع ذلك، يجب أن نفهم مجال كلمة الخلاص، لكي نقدم اعترافاً صحيحاً ونحافظ عليه. يحصر الكثير من المؤمنين الاعتراف في الاعتراف بخطاياهم، كما يحصرُون الخلاص في غفران خطاياهم. أما مجال كل من الاعتراف والخلاص فهو يفوق هذه الأمور.

يخبرنا (مزمور ٧٨: ٢٢) أن الله غضب على بني إسرائيل بعد خروجهم من مصر «**لأَنَّهُمْ لَمْ يُؤْمِنُوا بِاللهِ، وَلَمْ يَتَّكِلُوا**[٢٥] **عَلَى خَلاَصِهِ**». وتوضح الآيات التي تسبق هذه الآية والتي تتلوها

(٢٥) هي في الأصل «... ولم يثقوا بخلاصه».

كيف كان «خلاص» الله يشمل كل ما فعله لإسرائيل حتى تلك المرحلة إذ خلصهم الله من المصريين، وشق البحر الأحمر. وأعطاهم السحاب ليقودهم في النهار وعمود النار في المساء، والمياه التي خرجت من الصخرة ليشربوها، والمن الذي جاء من السماء ليأكلوه. وتم تلخيص تلك الأعمال مع جميع أعمال الله من التدخل لمصلحتهم وامدادهم بما يحتاجون، في تلك الكلمة المفردة التي تشمل كل شيء وهي الخلاص.

ونجد في العهد الجدد أيضاً أن الفعل اليوناني «sozo» الذي يترجم عادة إلى «يُخَلِّص» يفوق بكثير مجرد غفران الخطايا، فهو يشمل تسديد جميع الاحتياجات البشرية. دعني أقدم عدة أمثلة على معناه الأوسع استخدم الفعل sozo في شفاء المرأة نازفة الدم (متى ٩ : ٢٠-٢٢)، وفي شفاء الرجل المقعد من بطن أمه في لسترة (أعمال ١٤ : ١٠-١٨)، وفي تحرير مجنون كورة الجدريين الذي كان فيه لجئون وإعادته إلى عقله (لوقا ٨ : ٢٦-٣٦) كما استخدم في إقامة ابنه يايرس من الموت (لوقا ٨ : ٤١-٤٢، ٤٩-٥٥)، وكذلك في صلاة الإيمان التي تشفي المريض وتجعله يسترد صحته (يعقوب ٥ : ١٤-١٤).

وبالإضافة لذلك، قال بولس في (٢تيموثاوس ٤ : ١٨)

«وَسَيُنْقِذُني الرَّبُّ مِنْ كُلِّ عَمَلٍ رَدِيءٍ وَيُخَلِّصُني[٢٦] لِمَلَكُوتِهِ السَّمَاوِيِّ».
والكلمة التي تترجم هنا إلى «يخلصني» (أو يحضرني آمناً) هي كلمة sozo. وتشمل sozo في هذا السياق كل ما يحتاجه بولس من خلاص، وحماية الله، وتسديده لاحتياجاته حتى ينقل بولس آمناً طوال حياته على الأرض ويحضروه أخيراً إلى ملكوت الله الأبدي.

إذاً، يشمل الخلاص جميع الفوائد التي اشتراها لنا المسيح بموته على الصليب. وسواء كانت هذه الفوائد روحية، أو جسدية، أو مالية، أو مادية، أو وقتية، أو أبدية فكلمة الخلاص العظيمة الشاملة للجميع ستلخصها جميعاً.

الطريق الوحيد للحصول على فوائد الخلاص في كل مجال هو الاعتراف. تعطينا الأسفار المقدسة عبارات واضحة وإيجابية لنتمسك بها بكل من مجالات الله للتسديد الاحتياجات. وعندما نقبلها بالإيمان في قلوبنا ونعترف بها بألسنتنا، تصبح ملكاً لنا.

على سبيل المثال، كثيراً ما يهاجم الشيطان المؤمنين بمشاعر الدينونة وعدم الاستحقاق، حتى أننا قد نشد في محبة الله لنا.

---

(٢٦) هي في الأصل اليوناني «... يحضرني آمناً إلى ملكوته السماوي».

لكن يجب أن نغلب هذه الهجمات الشيطانية بمعرفة آيات الكتاب المقدس التي تُصمت المشتكي علينا. وها هي بعض الأمثلة.

«إِذًا لاَ شَيْءَ مِنَ الدَّيْنُونَةِ الآنَ عَلَى الَّذِينَ هُمْ فِي الْمَسِيحِ يَسُوعَ» (رومية ٨ : ١).

«وَلَكِنَّ اللّه بَيَّنَ مَحَبَّتَهُ لَنَا لأَنَّهُ وَنَحْنُ بَعْدُ خُطَاةٌ مَاتَ الْمَسِيحُ لأَجْلِنَا» (رومية ٥ : ٨).

«وَنَحْنُ قَدْ عَرَفْنَا وَصَدَّقْنَا الْمَحَبَّةَ الَّتِي لِلّهِ فِينَا[٢٧]» (١يوحنا ٤ : ١٦).

يمكني على أساس هذه الآيات أن أقدم الاعتراف الشخصي التالي: «أنا في المسيح، إذاً أنا لست تحت دينونة. فالله أثبت محبته لي بحقيقة أن المسيح مات من أجلي وأنا بعد خاطئ. فأنا أعترف وأؤمن بمحبة الله لي». وعندما أقاوم جميع المشاعر السلبية وأحافظ على هذا الاعتراف الإيجابي المؤسس على ما تعلنه الأسفار المقدسة، يتم استبدال الشعر بالدينونة والرفض في داخلي بالسلام والشعور بأنني مقبول.

قد يكون احتياجك في مجال الشفاء الجسدي والصحة ..

(٢٧) في الأصل اليوناني «ونحن قد عرفنا وصدقنا المحبة التي لدى الله نحونا».

وتخبرنا الأسفار المقدسة أن يسوع «**هُوَ أَخَذَ أَسْقَامَنَا وَحَمَلَ أَمْرَاضَنَا**» (متى ٨ : ١٧)، وأننا «**بِجَلْدَتِهِ شُفِيتُمْ**» (١بطرس ٢ : ٢٤). وتقدم هذه العبارات أساس الاعتراف المناسب في هذا المجال. وفي كل مرة يهددني المرض، بدلاً من ترك ذهني يستقر على أعراض المرض، استخدم الاعتراف الإيجابي: «يسوع نفسه أخذ أسقامي وحمل أمراضي وبجلدته شفيت». قد اهتز في البداية، ويصيبني التوتر ما بين أعراض جسدي الطبيعي والحق غير المتغير الذي تعلنه كلمة الله، إلا أنني عندما استمر في الاعتراف بالحق الذي يعلنه الله، يصبح جزءاً مني وذلك تماماً مثلما حدث مع جدول الضرب. وحتى إن استيقظت في منتصف الليل أعاني أعراض ثلاثة أمراض مختلفة في جسدي فإن روحي تستمر في تقدمي الاعتراف الصحيح الذي هو: «بجلته شفيت».

وإن كان هناك احتياج في مجال آخر، أقدم الاعتراف المناسب لذلك المجال، على سبيل المثال: إن كنت اجتاز في مرحلة من العوز المالي فإني أذكر نفسي بما جاء في (٢كورنثوس ٩ : ٨) «**وَاللهُ قَادِرٌ أَنْ يَزِيدَكُمْ كُلَّ نِعْمَةٍ، لِكَيْ تَكُونُوا وَلَكُمْ كُلُّ اكْتِفَاءٍ كُلَّ حِينٍ فِي كُلِّ شَيْءٍ، تَزْدَادُونَ فِي كُلِّ عَمَلٍ صَالِحٍ**». فارفض أن تتسلط مخاوفي. وأغلب الخوف بتقديم الشكر. واستمر في شكر الله على أن المستوى الذي يعلنه لعطاءه لي هو الازدياد. وعندما

أحافظ على ذلك الاعتراف، أرى الله يتدخل بطريقة تجعل الحق الذي تعلنه كلمته، حقيقياً في موقف المالي.

بالتدريج في مجال بعد مجال، واحتياج بعد احتياج، وموقف بعد موقف فإن «وَالْفَمَ يُعْتَرَفُ بِهِ لِلْخَلاَصِ» (رومية ١٠: ١٠). وتصبح كل مشكلة نواجهها حافزاً لتقديم الاعتراف الذي يعلن إجابة الله لهذه المشكلة. وكلما كان اعترافنا كاملاً وثابتاً، ازداد انضمامنا إلى ملء التمتع الاختباري الذي لخلاصنا.

رئيس كهنة اعترافنا

إن كهنوت يسوع المسيح الرئاسي هو أحد أهم الموضوعات التي تعلنها الرسالة إلى العبرانيين وأكثرها تميزاً. ولأن يسوع رئيس كهنة فهو يخدم بصفته نائباً شخصياً عنا في محضر الله الآب. وهو يغطينا ببره، ويرفع صلواتنا، ويقدم احتياجاتنا، وهو الضامن لتحقيق وعود الله لصالحنا. ومع ذلك، فعندما نتابع موضوع الكهنوت الرئاسي للمسيح في هذه الرسالة، نكتشف أنه يرتبط باعترافنا على نحو ثابت. فالاعتراف الذي نقدمه على الأرض هو الذي يحدد مدى حرية يسوع في ممارسة خدمته الكهنوتية لصالحنا في السماء.

تحثنا رسالة (العبرانيين ٣ : ١) على أن ندرك أن يسوع المسيح هو «رئيس كهنة اعترافنا». ويرتبط كهنوت المسيح الرئاسي بطريقة مباشرة باعترافنا. فاعترافنا هو الذي يجعل خدمته الكهنوتية فعالة لصالحنا. وكل مرة نقدم فيها الاعتراف الصحيح، يكون لنا السلطان الكامل الذي للمسيح بصفته رئيس كهنتنا ليدعمنا، فهو الضمان لتحقيق ما نعترف به. أما إن فشلنا في تقديم الاعتراف الصحيح إن أظهرنا الشك أو عدم الإيمان بدلاً من الإيمان، فإننا لا نعطي للمسيح أية فرصة ليخدم بصفته رئيس

كهنتنا. فالاعتراف الصحيح يحفز خدمته الكهنوتية لصالحنا، أما الاعتراف الخطأ فيفصلنا عنه.

مرة ثانية يرتط الكاتب في (عبرانيين ٤ : ١٤) بين كهنوت يسوع الرئيساي واعترافنا بصلة مباشرة فيقول: «**فَإِذْ لَنَا رَئِيسُ كَهَنَةٍ عَظِيمٌ قَدِ اجْتَازَ السَّمَاوَاتِ، يَسُوعُ ابْنُ اللهِ، فَلْنَتَمَسَّكْ بِالإِقْرَارِ**[٢٨]». وهنا يؤكد التمسك باعترافنا بثبات. فبمجرد أن تتفق كلمات أفواهنا مع كملة الله المكتوبة. يجب أن نكون حريصين ألا نغيرها أو نعود لموقف عدم الإيمان، عندما تأتي الضغوط علينا. وقد يبدو أن الأمور تتناقض مع ما نتوقعه. وقد تفشل جميع مصادر المساعدة الطبيعية. ولكن يجب أن نستمر بإيماننا وباعترافنا في التمسك بما لا يتغير وهو: كلمة الله ويسوع المسيح بصفته رئيس كهنتنا الذي عن يمين الله.

يؤكد كاتب الرسالة إلى العبرانيين في (١٠ : ٢١-٢٤) للمرة الثالثة على الصلة بين الكهنوت الرئاسي ليسوع وبين اعترافنا فيقول:

«**وَكَاهِنٌ عَظِيمٌ عَلَى بَيْتِ اللهِ.**

لِنَتَقَدَّمْ بِقَلْبٍ صَادِقٍ فِي يَقِينِ الإِيمَانِ، مَرْشُوشَةً قُلُوبُنَا مِنْ

---

(٢٨) في الأصل اليوناني «... فلنتمسك بالاعتراف».

ضَمِيرٍ شِرِّيرٍ، وَمُغْتَسِلَةً أَجْسَادُنَا بِمَاءٍ نَقِيٍّ.

لِنَتَمَسَّكْ بِإِقْرَارِ[٢٩] الرَّجَاءِ رَاسِخاً، لأَنَّ الَّذِي وَعَدَ هُوَ أَمِينٌ.

وَلْنُلاَحِظْ بَعْضُنَا بَعْضاً لِلتَّحْرِيضِ عَلَى الْمَحَبَّةِ وَالأَعْمَالِ الْحَسَنَةِ»

(عبرانيين ١٠ : ٢١-٢٤)

نجد أن اعترافنا بيسوع كرئيس كهنة، يضع علينا ثلاث التزامات متتالية ويسبق كل منها الحرف «الـ». يتعلق الالتزام الأول بالله: «**لِنَتَقَدَّمْ بِقَلْبٍ صَادِقٍ**» (آية ٢٢).

ويختص الالتزام الثاني باعترافنا وهو «**لِنَتَمَسَّكْ بِإِقْرَارِ (باعتراف) الرَّجَاءِ رَاسِخاً**» (آية ٢٣). ويرتبط الالتزام الثالث بإخوتنا المؤمنين: «**وَلْنُلاَحِظْ بَعْضُنَا بَعْضاً لِلتَّحْرِيضِ عَلَى الْمَحَبَّةِ وَالأَعْمَالِ الْحَسَنَةِ**» (آية ٢٤). ويأتي التزامنا نحو أنفسنا في المركز بين التزامنا نحو الله والتزامنا نحو إخوتنا المؤمنين وذلك بأن: نتمسك بالاعتراف الصحيح راسخاً. وسوف يحدد المقياس الذي نفعّل به قدرتنا على الوفاء بالتزاماتنا نحو الله ونحو إخوتنا المؤمنين.

في هذه العبارة والفقرات الثلاثة، من الرسالة إلى العبرانيين،

(٢٩) في الأصل اليوناني «... فلنتمسك باعتراف الرجاء».

التي درسناها، نجد تأكيداً متزايداً على أهمية الاحتفاظ بالاعتراف الصحيح. فتخبرنا (عبرانيين ٣: ١) ببساطة أن يسوع هو «رئيس كهنة اعترافنا»، وتحثنا (عبرانيين ٤: ١٤) على أن نتمسك بإقرار (اعتراف) الرجاء «راسخاً». ويفترض هذا التأكيد المتزايد أنه من المحتمل أن نتعرض لضغوط متزايدة قد تتسبب في أن تغير اعترافنا أو تضعفه، ويمكن للكثير منا يشهدوا بحقيقة ذلك في حياتهم. إذاً فهذا التحذير مناسب لنا. وأياً كات الضغوط علينا، فلن تأتي النصرة إلا بالتمسك الراسخ باعترافنا.

يعطينا الكاتب في آخر هذه الفقرات الثلاث محفزات، سبباً محدداً للتمسك الراسخ وعدم التذبذب. فهو يقول: «لأَنَّ الَّذِي وَعَدَ هُوَ أَمِينٌ». (عبرانيين ١٠: ٢٣)، يصلنا اعترافنا كهنتنا الذي لا يمكن أن يتغير. والاعتراف هو الوسيلة التي يقدمها لنا الله لنحفز أمانته، وحكمته، وقدرته لصالحنا.

المخلص

يتصل الإيمان مباشرة في خطة الله للخلاص بالاعتراف. ويعني الاعتراف (أو الإقرار) أننا نجعل كلمات أفواهنا تتفق بانتظام مع كلمة الله المكتوبة. ويتطلب هذا تهذيباً مستمراً. فيجب علينا أن نرفض في كل موقف يواجهنا أن تسيطر علينا المشاعر أو الحواس؛ أي أننا يجب أن نؤكد من جدد بإصرار على ما يجب أن تقوله الأسفار المقدسة فيما يتعلق بكل موقف. وقد يوجد صراع وتوتر في البداية، أما في النهاية فتصبح كلمة الله منقوشة على قلوبنا بثبات وبذلك تتدفق بطريقة تلقائية من أفواهنا.

ويجب أن نحذر لئلا نقلل من ممارسة الاعتراف فيصبح مجرد أسلوب فني للممارسة. ونقدم فيما يلي خمس ضمانات عملية وهي:

١ـ يجب أن نبدأ برفض إرادتنا الخاصة ونخضع لإرادة الله.

٢ـ يجب أن نحافظ على اعترافنا مؤسساً بدقة على ما تقوله الأسفار المقدسة.

٣ـ يجب أن نخضع باستمرار لقيادة الروح القدس.

٤ـ يجب أن نتكل دائماً على نعمة الله الخارقة للطبيعة، وألا نتكل البتة على قدراتنا الطبيعية.

٥ـ عندما يكون هناك صراع بين حواسنا وبين كلمة الله، فيجب أن نتخذ نفس الموقف الذي اتخذه إبراهيم وذلك بأن: ما تظهره حواسنا حقيقي ولكنه ليس نهائياً.

عندما الاعتراف الصحيح بالتدريج على كل مجالات حياتنا، نتقدم نحو الاختبار الأكثر ملئاً للخلاص والذي هو تسديد الله الكامل لاحتياجاتنا وهو ما حصلنا عليه بموت المسيح.

يصلنا الاعتراف الصحيح مباشرة بالمسيح بصفته رئيس كهنتنا. كما يحفز الاعتراف الصحيح كل من أمانته، وحكمته. وقدرته غير المتغيرة لتعمل لصالحنا.

٨
الإيمان يجب أن يُنَمَى

رأينا كيف أننا يجب أن نعترف بالإيمان بأفواهنا. ولكن هل هذا هو كل شيء. كثيراً ما يخطئ المتدينون باستخدامهم كلمات جوفاء دون معنى حقيقي. فكيف نتجنب ذلك؟ وكيف يمكننا التأكد أن الكلمات التي نستخدمها في اعترفنا تصدر فعلاً عن إيمان حقيقي في قلوبنا؟ تعطينا الأسفاء المقدسة إجابة بسيطة وعملية لهذا السؤال وهي أنه: يجب أن تدعم الأفعال امناسبة الإيمان الذي نعترف به بأفواهنا «**لأَنَّـهُ كَمَا أَنَّ الْجَسَدَ بِـدُونَ رُوحٍ مَيِّتٌ، هَكَذَا الإِيمَـانُ أَيْضاً بِدُونِ أَعْمَالٍ مَيِّتٌ**» (يعقوب ٢ : ٢٦).

الإيمان يعمل بالمحبة

يتطرق بولس في (غلاطية ٥ : ٦) إلى لب الموضوع فيقول: «**لأَنَّهُ فِي الْمَسِيحِ يَسُوعَ لاَ الْخِتَانُ يَنْفَعُ شَيْئاً وَلاَ الْغُرْلَةُ، بَلِ الإِيمَانُ الْعَامِلُ بِالْمَحَبَّةِ**». ويضع بولس هنا أربع نقاط حيوية تتبع بعضها البعض في نظام منطقي وهي:

أولاً: يقول بولس في استخدامه للختان كأحد الأمثلة، إنه لا يمكن للشعائر والطقوس الخارجية بذاتها أن تزكينا لدى الله، فالله يهتم من البداية بالداخل لا الخارج.

وثانياً: إن العنصر الجوهري الوحيد في الحياة المسيحية الحقيقية هو الإيمان. وأن القلب الممتلئ بالإيمان هو القلب الوحيد المقبول لدى الله، ولا بديل عنه. وقد أشرت بالفعل في الفصل الخامس من ذلك الكتاب إلى التأكيد المستمر للكتاب المقدس على ضرورة الإيمان ومركزيته.

وثالثاً: يخبرنا بولس أن الإيمان يعمل. وطبيعة الإيمان أن يكون فعالاً. وحيث لا توجد أفعال مناسبة لا يوجد إيمان حقيقي.

ورابعاً: الطريقة الوحيدة التي يسلك بها الإيمان هي المحبة. وحيث لا يوجد استعلان للمحبة لا يوجد إيمان حقيقي. فالمحبة هي في جوهرها إيجابية، وداعمة، ومعزية، وبناءة. وحين تكون جميع الأفعال سلبية، وناقدة، وغير حسنة، لا يوجد أي دليل على وجود المحبة، وبالتالي لا يوجد أي دليل على وجود الإيمان. فربما تنتج هذه الأفعال عن التدين ولكنها بالتأكيد لا تنتج عن الإيمان.

رسالة يعقوب هي إحدى أسفار العهد الجديد التي تؤكد على العلاقة بين الإيمان والأعمال. ويفترض بعض المفسرين

أن هناك اختلافاً بين وجهة نظر يعقوب في الإيمان ووجه نظر بولس في الإيمـان. وهم يقولون أن بولس يؤكد على الخلاص بالإيمان وحده بدون أعمال، بينما يؤكد يعقوب أن الأعمال يجب أن تعبر عن الإيمـان وأنـا شخصياً لا أجد أي تناقش بل مجرد وجهان لنفس الحق. **إذ نتبرر بالإيمان وحده دون أعمال، لأنه لا يمكننا أن نفعل أي أعمال ننال بها البر، ولكن بمجرد أن نتبرر بالإيمان بدون أعمال فسوف يعبر الإيمان النافع عن نفسه تلقائياً بالأعمال.** لذا يخبرنا بولس كيف ننال البر من الله، ويخبرنا يعقوب ما هي النتائج التي تتبع نوالنا الب من الله. ولا أرى أي صراع بين وجتي النظر، بل مجرد اختلاف في التأكيد.

وعلاوة على ذلك من الخطأ أن نفترض أن بولس لم يضع أية تأكيدات على الأعمال. فيظهر لنا في (غلاطية ٥ : ٦) كما رأينا من قبل أن طبيعة الإيمان ذاتها هي العمل أي العمل بالمحبة. وهو يعلن أيضاً نفس هذا الحق في الحق الثالث عشر المعروف بأصحاح المحبة، وكذلك في عدة أجزاء أخرى في كتاباته.

تأكيد يعقوب الرسول على الأعمال

إن رسالة يعقوب هي التي تحتوي على الجزء الأساسي من تعليمه فيما يتعلق بالإيمان والأعمال وذلك في الأصحاح الثاني والآيات من

الرابعة عشر إلى السادسة والعشرين. وسأقسم هذه الفقرة إلى ستة أقسام أساسية وأحلل كلاً منها بالترتيب.

الاعتراف بدون فعل (عمل)

«مَا الْمَنْفَعَةُ يَا إِخْوَتِي إِنْ قَالَ أَحَدٌ إِنَّ لَهُ إِيمَاناً وَلَكِنْ لَيْسَ لَهُ أَعْمَالٌ؟ هَلْ يَقْدِرُ الإِيمَانُ أَنْ يُخَلِّصَهُ؟
إِنْ كَانَ أَخٌ وَأُخْتٌ عُرْيَانَيْنِ وَمُعْتَازَيْنِ لِلْقُوتِ الْيَوْمِيِّ.
فَقَالَ لَهُمَا أَحَدُكُمْ: «امْضِيَا بِسَلاَمٍ، اسْتَدْفِئَا وَاشْبَعَا» وَلَكِنْ لَمْ تُعْطُوهُمَا حَاجَاتِ الْجَسَدِ، فَمَا الْمَنْفَعَةُ؟
هَكَذَا الإِيمَانُ أَيْضاً، إِنْ لَمْ يَكُنْ لَهُ أَعْمَالٌ، مَيِّتٌ فِي ذَاتِهِ»

(يعقوب ٢ : ١٤-١٧).

نرى أن يعقوب هنا يصف أحد الأشخاص الذين يقولون أن لهم إيماناً ويدّعى ذلك الرجل أن له إيماناً أما سلوكه فهو يناقض ادعائه. وعندما يرى ذلك الإنسان أحد إخوته المؤمنين، لديه احتياجات جسدية شديد، لا يقدم إلا مجرد كلمات التعزية ولكنه لا يفعل زي شيء عملي. ويظهر هذا الفشل في التصرف بطريقة مناسبة أن تلك الكلمات المعزية جوفاء وغير مخلصة. وينطبق نفس المبدأ على اعترافنا، أو إقرانا بالإيمان. فإن لم تتبعه

الأفعال المناسبة، يكون أحد الأشكال الميتة للكلمات دون أية حقيقة داخلية.

الفلسفة اللاهوتية في مقابل الحياة

«لَكِنْ يَقُولُ قَائِلٌ: أَنْتَ لَكَ إِيمَانٌ، وَأَنَا لِي أَعْمَالٌ! أَرِنِي إِيمَانَكَ بِدُونِ أَعْمَالِكَ، وَأَنَا أُرِيكَ بِأَعْمَالِي إِيمَانِي» (يعقوب ٢ : ١٨).

أعتبر دائماً هذه الآية تحدياً شخصياً، فهل لدى ذلك الإيمان الذي هو مجرد فلسفة لاهوتية مجردة، أو هل أنا أعلن بما أفعله ما أؤمن به؟ فقد مل العالم من الإيمان الذي يُقَدم له كمجرد رسم بياني؛ وهو يتوق لمشاهدته في شكل نموذج عامل. واعتقادي الشخصي هو أن الفلسفة اللاهوتية التي لا تعمل في الواقع إنما هي .. غير نافعة.

صحة معتقدات إبليس

«أَنْتَ تُؤْمِنُ أَنَّ اللهَ وَاحِدٌ. حَسَناً تَفْعَلُ. وَالشَّيَاطِينُ يُؤْمِنُونَ وَيَقْشَعِرُّونَ!» (يعقوب ٢ : ١٩).

أن تؤمن أنه لا يوجد إلا الله الحقيقي الواحد فهذا الاعتقاد سليم للغاية. ولكن هذا وحده لا يكفي. فحتى الشياطين يؤمنون

بذلك وكذلك يقشعرون ! وأنا مقتنع بأن الشيطان نفسه يؤمن بالكتاب القدس كله، ومعتقداته أكثر استقامة من العديد من اللاهوتيين ! إذاً، فما الذي ينقص إيماناً مثل هذا ! يمكننا أن نقدم الإجابة في كلمة واحدة وهي : الطاعة ! فرغم أن الشيطان والأرواح التابعة له يؤمنون بالله الواحد الحقيقي، فهم يصرون على عصيانهم. **والإيمان الحقيقي يقود للخضوع والطاعة، وإلا يصبح الإيمان عدم الجدوى.**

مثال إبراهيم

«وَلَكِنْ هَلْ تُرِيدُ أَنْ تَعْلَمَ أَيُّهَا الإِنْسَانُ الْبَاطِلُ أَنَّ الإِيمَانَ بِدُونِ أَعْمَالٍ مَيِّتٌ؟

أَلَمْ يَتَبَرَّرْ إِبْرَاهِيمُ أَبُونَا بِالأَعْمَالِ[٣٠]، إِذْ قَدَّمَ إِسْحَاقَ ابْنَهُ عَلَى الْمَذْبَحِ؟

فَتَرَى أَنَّ الإِيمَانَ عَمِلَ مَعَ أَعْمَالِهِ، وَبِالأَعْمَالِ أُكْمِلَ الإِيمَانُ.

وَتَمَّ الْكِتَابُ الْقَائِلُ: «فَآمَنَ إِبْرَاهِيمُ بِاللَّهِ فَحُسِبَ لَهُ بِرّاً»

---

(٣٠) في الأصل اليوناني «فنرى أن الإيمان عمل من أعمال ونتيجة للأعمال أكمل الإيمان».

وَدُعِيَ خَلِيلَ اللّٰهِ.

تَرَوْنَ إِذاً أَنَّهُ بِالأَعْمَالِ يَتَبَرَّرُ الإِنْسَانُ، لاَ بِالإِيمَانِ وَحْدَهُ» .

(يعقوب ٢ : ٢٠-٢٤) .

يتجه يعقوب الآن نحو حياة إبراهيم ولكي يوضح وجهة نظره. لكي نتابع ما يقوله يجب أن ننظر إلى بعض الأحداث المهمة في حياة إبراهيم. فقد دعا الله إبراهيم في (تكوين ١٢) لكي يترك أور الكلدانيين ليذهب إلى أرض ميراثه. وعندما أطاع إبراهيم قاده الله إلى أرض كنعان. وقد اشتكى إبراهيم لله في (تكوين ١٥) أنه لم يزل ليس له وريث، أي ابناً من صلبه لكي يرث الأرض. فأراه الله، في إجابته له، في إجابته له، نجوم السماء وقال له: «**هَكَذَا يَكُونُ نَسْلُكَ**» (آية ٥). وقد سجل (تكوين ١٥ : ٦) رد إبراهيم على هذا الكلام فقال: «**فَآمَنَ بِالرَّبِّ فَحَسِبَهُ لَهُ بِرّاً**». فعند تلك المرحلة، حسب الله إبراهيم باراً، لا على أساس أي أعمال فعلها بل لمجرد أنه آمن بالرب فقط.

ومع ذلك، يشير يعقوب إلى أن ذلك ليس نهاية علاقة إيمان إبراهيم بالله. فعندما آمن إبراهيم بالله وحُسِبَ له ذلك براً على أساس إيمانه فقط استمر إبراهيم في تنمية إيمانه بسلسة من الأفعال. فنجد في السبعة أصحاحات التالية في سفر التكوين أن الله قاد إبراهيم خطوة بخطوة في عمل بعد الآخر من أعمال

الطاعة لكي يصل بالتدريج بإيمانه إلى النضج في فترة تصل إلى أربعين سنة . وأخيراً وصل إبراهيم إلى النقطة التي استطاع عندها أن يواجه أصعب الاختبارات لإيمانه وهو : تقديمه لابنه إسحق على مذبح الله وقد قدم إبراهيم الذبيحة مجازاً طبقاً لما تذكره (عبرانيين ١١ : ١٧ـ ١٩) . ورغم أن الله لم يتطلب من إبراهيم أن يضحي بابنه للنهاية ، فقد كان راغباً في أن يفعل ذلك لاقتناعه التام بأن الله سوف يعيد إسحق للحياة مرة أخرى . وبذلك خرج من الاختبار ظافراً .

لم يكن إبراهيم مستعداً لمثل هذا الاختبار في (تكوين ١٥) . لأن الأمر احتاج لعدة اختبارات وصراعات لإعداده ، وكذلك عدة أفعال طاعة متتالية حتى يصل للذروة التي كان فيها راغباً في تقديم إسحق ذبيحة . وقد شرح يعقوب ذلك بقوله أن «الإيمان عمل مع أعماله(٣١) وبالأعمال أكمل الإيمان» فالإيمان هو نقطة البداية . ولا يمكن لغيره أن يكون نقطة البداية . فبمرد ظهور الإيمان للوجود ، تبدأ تنميته بعدة اختبارات متتالية ويستجيب الإيمان لهذه الاختبارات بأفعال الطاعة المناسبة . وينمي كل من أفعال الطاعة هذه الإيمان ويقويه ويعده بذلك للاختبار التالي . وأخيراً يصل الإيمان للنضج أو للكمال خلال سلسلة من مثل هذه الاختبارات أعمال الطاعة .

---

(٣١) في الأصل العبري «لأني قد أنقذت حياتكما ... تنقذاني أنتما أيضاً ...»

مثال راحاب

«كَذَلِكَ رَاحَابُ الزَّانِيَةُ أَيْضاً، أَمَا تَبَرَّرَتْ بِالأَعْمَالِ، إِذْ قَبِلَتِ الرُّسُلَ وَأَخْرَجَتْهُمْ فِي طَرِيقٍ آخَرَ» (يعقوب ٢ : ٢٥).

يتجه يعقوب نحو راحاب لكي يوضح المثال الأخير الذي يقدمه للعلاقة بين الإيمان والأعمال، ويسجل لنا سفر (يشوع ٢ : ١-٢٢ و٦ : ٢١-٢٥) قصة راحاب. من بين الأسباب التي تجعلني استمتع بهذه القصة هي أنها تثبت وجود رجاء لمن لا رجاء لهم. فقد كانت راحاب امرأة خاطئة، وأممية، وتحيا في أريحا وهي المدينة التي حكم الله عليها بالدمار، ومع ذلك فبسبب إيمانها نجت من الهلاك، وأنقذت عائلتها بأكملها، وانضمت إلى شعب الله، وتزوجت برجل ذُكِر اسمه معها بصفتهما من أجداد يسوع المسيح (انظر متى ١ : ٥).

ومع ذلك، فلم يكن إيمان راحاب إقراراً أجوفاً؛ إذ قد عبرت عنه بأفعال مناسبة. فقد آوت الجاسوسين اللذين أرسلهما يشوع إلى أريحا في منزلها. وعندما عُرِف أمرهما وأوشكوا على القبض عليهما خاطرت بحياتها لإنقاذهما بإخفائهما على سطح منزلها. وقبل أن يرحل الجاسوسان عقدت راحاب صفقة

فقالت لهما: «**لأنِّي قَدْ عَمِلْتُ مَعَكُمَا مَعْرُوفاً، بِأَنْ تَعْمَلاَ أَنْتُمَا أَيْضاً مَعَ بَيْتِ أَبِي مَعْرُوفاً**» (يشوع ٢ : ١٢)، فوافق الجاسوسان وتعهدا أن يحققا ما طلبته راحاب. وفعلياً قطع الجاسوسان هذا العهد مع راحاب بالنيابة عن الله لا عن أنفسهما حيث أن الله نفسه هو الذي جاء بالقضاء على أريحا بقوة خارقج للطبيعة، انظر (يشوع ٦ : ٢٠). وخاطرت راحاب بحياتهما مرة أخرى بعد إتمام هذه الصفقة عندما أنزلت الجاسوسين بحبل من النافذة لأن بيتها على سور المدينة.

وأعطاها الجاسوسان قبل رحيلها تعليمات نهائية فقالا لها: «إن أردت أن تخلصي اربطي هذا الحبل القرمزي من نافذتك. فإن لم نجد حبل القرمز في النافذة فلن تخلصي». وكان حبل القرمز هو أحد أنواع الاعتراف. وأظهرت راحاب به إيمانها بوعد الجاسوسين بطريقة منظورة. ويمثل حبل القرمز بالنسبة لنا: اعترافنا بالإيمان في دم المسيح وذلك في ضوء العهد الجديد.

تربط قصة راحاب بين الإيمان، والاعتراف والفعل (العمل) المناسب بطريقة جليلة. فقد آمنت راحاب بشهادة الجاسوسين عن تدمير أريحا، كما آمنت بوعدهما بإنقاذها هي وكل عائلتها. إلا أن هذا لم يكن كافياً. فقد كان عليها أن تعترف

بإيمانها بوضع حبل القرمز من النافذة. ولذا كان من المناسب جداً أن يوضع حبل القرمز في نفس تلك النافذة. كما أن حبل القرمز لم يكن لينقذها إن لم تكون قد استخدمت النافذة لإنقاذ الجاسوسين. وتوضح قصة راحاب ثلاثة أمور لا يجب أن تنفصل عن بعضها البعض وهي: الإيمان، والاعتراف، الفعل (العمل) المناسب.

خاتمة يعقوب

«لأَنَّهُ كَمَا أَنَّ الْجَسَدَ بِدُونِ رُوحٍ مَيِّتٌ، هَكَذَا الإِيمَانُ أَيْضاً بِدُونِ أَعْمَالٍ مَيِّتٌ» (يعقوب ٢ : ٢٦).

ختم يعقوب تحليله بتشبيه فظ ولكنه جلي وهو: إن الإيمان بدون أعمال هو جثة ميتة. وربما تكون هناك مومياء محفوظة بوقار في أحد الأماكن الدينية، ومع كل هذا فهي ميتة. فلا يمكن إلا للروح أن تعطي حياة للجسد. وكذلك لا يمكن إلا للأعمال أن تعطي حياة للإيمان.

الإيمان مسيرة

شاهدنا في التحليل السابق كيف استخدم يعقوب إبراهيم مثالاً للإيمان المقترن بالأعمال، وقد وضع بولس أيضاً إبراهيم في (رومية ٤ : ١١-١٢) كنموذج للإيمان الذي يجب أن نتبعه فقال:

«وَأَخَذَ عَلاَمَةَ الْخِتَانِ خَتْمًا لِبِرِّ الإِيمَانِ الَّذِي كَانَ فِي الْغُرْلَةِ، لِيَكُونَ أَبًا لِجَمِيعِ الَّذِينَ يُؤْمِنُونَ وَهُمْ فِي الْغُرْلَةِ، كَيْ يُحْسَبَ لَهُمْ أَيْضًا الْبِرُّ.

وَأَبًا لِلْخِتَانِ لِلَّذِينَ لَيْسُوا مِنَ الْخِتَانِ فَقَطْ، بَلْ أَيْضًا يَسْلُكُونَ فِي خُطُواتِ إِيمَانِ أَبِينَا إِبْرَاهِيمَ، الَّذِي كَانَ وَهُوَ فِي الْغُرْلَةِ».

(رومية ٤ : ١١-١٢)

شرح بولس أولاً إبراهيم لم يكن باراً بسبب فعل الختان، بل قبل الختان. فالختان علامة خارجية للبر الذي كان قد حُسب له فعلياً على أساس الإيمان وحده. فالاستنتاج هو أن الختان بل قيمة في ذاته إن لم يكن مؤسساً على الإيمان.

ثم استمر بولس في القول بأن إبراهيم بالمثال الذي قدمه للإيمان، قد أصبح أباً لجميع المؤمنين الذين سيأتون بعده، سواء المختتنين. ومع ذلك، وضع بولس أيضاً شرطاً يجب أن ننفذه جميعاً بصرف النظر عن خلفيتنا العرقية أو الدينية، إن كنا نطالب بأن نكون أحفاد إبراهيم. وهذا الشرط هو: «**بَلْ أَيْضًا يَسْلُكُونَ فِي خُطُواتِ إِيمَانِ أَبِينَا إِبْرَاهِيمَ، الَّذِي كَانَ وَهُوَ فِي الْغُرْلَةِ**» (رومية ٤ : ١٢).

تحدث بولس عن «خطوات» إيمان إبراهيم. ويمثل هذا المسمى صورة حية، توضح أن الإيمان ليس ساكناً، فهو ليس حالة، أو موقف ما. بل هو بالحري مسيرة تدريبية نخطو فيها خطوة بعد الخطوة. وتنبع كل خطوة فيها من علاقتنا الشخصية مع الله. ولا

يمكننا لهذا السبب أن نضع قواعد شاملة للكيفية التي يجب أن يتصرف بها كل مؤمن، فالمؤمنين المختلفين هم في مراحل مختلفة من مسيرة الإيمان. فالمؤمن الذي في الإيمان منذ عدة سنوات يجب أن يكون قد سار في الطريق أكثر من ذلك المؤمن الحديث. وما يتطلبه الله من المؤمن الناضج يختلف عما يطلبه من المبتدئ. ويجب أن اتخذ في مسيرتي الشخصية للإيمان، تلك الخطوات التي تعبر عن علاقتي مع الله في تلك اللحظة. ولا يمكنني أن أتخذ بالضرورة الخطوات التي يتخذها مؤمنون آخرون أكثر نضجاً مني.

إذاً، فالإيمان مسيرة أي نتيجة لعلاقة شخصية نامية بين الله وكل مؤمن. وكل خطوة في تلك المسيرة هي أحد أفعال الطاعة. وعندما نسير في علاقة صحيحة مع الله، ونطور إيماننا بأفعال طاعة تدريجية فإنه ينمو ويصل أخيراً للنضج.

المخـلـص

يجب أن يكون اعترافنا بإيماننا مصحوباً بأفعال مناسبة ومحفزاً بالمحبة، فبدون هذه الأمور يصبح الإيمان عدم الجدوى.

وتضع رسالة يعقوب ثلاثة مبادئ تحكم العلاقة بين الإيمان والأعمال وهي: أولاً: الاعتراف بدون الفعل لا قيمة له، وثانياً: يجب أن تطبق الفلسفة اللاهوتية على الحياة العملية، وثالثاً: يجب أن تصاحب الطاعة استقامة الرأي.

ويفسر يعقوب هذه المبادئ بمثالين من العهد القديم. المثال الأول هو إبراهيم، فقد حسب له الله البر على أساس الإيمان وحده، أما بعد ذلك، فقد نمّت أفعال الطاعة التدريجية إيمانه وأنضجته، وقد بلغت ذروتها في تقديمه لابنه إسحق على مذبح الله. والمثال الثاني هو راحاب، فهي لم تؤمن فقط بتقرير الجاسوسين وذلك بتعليقها للحبل القرمزي من نافذتها. وقد ربطت بذلك بين الإيمان، والاعتراف، والأفعال (الأعمال) المناسبة.

ويختتم يعقوب تحليلة بإعلانه أن الإيمان بدون أعمال هو بلا حياة مثل الجسد بدون روح.

استخدم بولس بدوره مثال إبراهيم ليظهر أن الإيمان ليس حالة

سكون بل مسيرة تدريجية ، تنبع من العلاقة الشخصية مع الله . وكل خطوة في هذه المسيرة هي أحد أفعال الطاعة . وينمو الإيمان بسلسلة كاملة من مثل هذه الخطوات ويصل أخيراً للنضج .

٩

الإيمان يجب أن يُخْتبر

رأينا كيف أن الإيمان يجب أن يُعترف به بالفم وينمو بالفعل (العمل). ونأتي الآن إلى «يجب» الثالثة. وهي تلك التي لا نرغب في مواجهتها عادة. ومع ذلك لا يمكننا تجنبها وهي: أن الإيمان يجب أن يُختبر.

الابتهاج في الضيقات

عندما تحدث بولس عن العلاقة بين إيماننا وبين الله بالمسيح في (رومية ٥ : ١-١١)، استخدم كلمة «يبتهج» ثلاث مرات. وهي كلمة قوية جداً تدل على الثقة التي تجعلنا نتفاخر فعلياً.

فقال بولس في الآية الثانية: «**وَنَفْتَخِرُ**[٣٢] **عَلَى رَجَاءِ مَجْدِ اللهِ**». وليس هذا صعباً على الفهم. فإن آمنا حقيقة بأننا الآن ورثة لمجد الله وأننا سوف نشاركه فيه الآن، فمن الطبيعي أن نشعر بالإثارة

(٣٢) في الأصل اليوناني «ونبتهج على رجاء مجد الله».

ونتوقع الفرح ونعبر عنهما.

إلا أن بولس استخدم في الآية الثالثة نفس تلك الكلمة مرة ثانية بمنتهى الدقة، فقال: «**وَلَيْسَ ذَلِكَ فَقَطْ بَلْ نَفْتَخِرُ**[٣٣] **أَيْضًا فِي الضِّيقَاتِ**»، ويبدو هذا مضحكاً للوهلة الأولى. فمن يمكنه أن يتخيل الابتهاج في الضيقات أي في الشدة، والاضطهاد، والوحدة، وسوء التفاهم أو في العوز، والمرض، والحرمان؟ ولماذا يفترض بولس أو يتوقع الله أننا يجب أن نبتهج في أشياء مثل هذه؟ أعطانا بولس لحسن الحظ أحد الأسباب لأنه يواصل كلامه قائلاً:

«**عَالِمِينَ أَنَّ الضِّيقَ يُنْشِئُ صَبْرًا.**

وَالصَّبْرُ تَزْكِيَةً، وَالتَّزْكِيَةُ رَجَاءً.

وَالرَّجَاءُ لاَ يُخْزِي، لأَنَّ مَحَبَّةَ اللهِ قَدِ انْسَكَبَتْ فِي قُلُوبِنَا بِالرُّوحِ الْقُدُسِ الْمُعْطَى لَنَا» (رومية ٥ : ٣ ـ ٥).

ويمكننا تلخيص إجابة بولس قائلين إن سبب الابتهاج حتى في الضيق هو أننا عندما نقبل الضيق كأنه من الله ونحتمله بالإيمان فهو يحقق نتائج في شخصياتنا لا يمكن تحقيقها بأية طريقة أخرى.

(٣٣) في الأصل اليوناني «... بل نبتهج أيضاً في الضيقات».

عندما نحلل إجابة بولس بالتفصيل نجد أنه سجل أربع مراحل متتالية في تنمية الشخصية نتيجة لاجتياز اختبار الضيقات. وفيما يلي هذه المراحل:

المرحلة الأولى هي «**الصبر**» (آية ٤). ويمكن لهذه الكلمة أن تُتَرجم إلى «**الاحتمال**». وهو أحد الجوانب الجوهرية لشخصية المسيحي. وبدونه لا نقدر أن نصل إلى بركات الله وعطاياه لنا التي هي الأفضل دائماً.

و**المرحلة الثانية** هي «**التزكية**» (آية ٤). والكلمة اليونانية المستخدمة هنا هي «dokime». ومن بين الترجمات البديلة لهذه الكلمة والتي استُخدمت في الترجمات الحديثة للكتاب المقدس هي عبارة: «قوة الشخصية»؛ و«الشخصية الناضجة»؛ و«الدليل على تماسكنا في الاختبار». وتشبه الكلمة إلى حد كبير المعدن الذي يصمد أمام اختبار البوتقة التي هي الصورة التي سنعود إليها قريباً.

المرحلة الثالثة هي «**الرجاء**» (آية ٥). ويترجم «چي.بي. فيليبس» «J.B. Phillips» هذه الكلمة إلى «**الرجاء الثابت**»، فالرجاء ليس مجرد أحلام يقظة، أو أفكار حالمة، أو نزوات خيالية والتي هي جميعاً هروباً من الواقع، ولكن الرجاء من هذا

النوع هو توقع قوي، وهادئ، وواثق للخير وهو الخير الذي ينتج أخيراً عن عملية الاختبار.

والمرحلة الرابعة هي «**مَحَبَّةَ اللهِ (التي) قَدِ انْسَكَبَتْ فِي قُلُوبِنَا بِالرُّوحِ الْقُدُسِ**» (آية ٥). فهي تفوق بكثير أي رجاء يمكننا أن نتمتع به. إذاً، فهدف الله النهائي من التعامل مع شخصياتنا هو أن يحضرنا للتمتع بمحبته الإلهية الخاصة.

وعندما ننتقل إلى الآية الحادية عشر، نصل إلى الاستخدام الثالث لبولس لكلمة «يبتهج»: «**وَلَيْسَ ذَلِكَ فَقَطْ بَلْ نَفْتَخِرُ**(٣٤) **أَيْضًا بِاللهِ بِرَبِّنَا يَسُوعَ الْمَسِيحِ**». وهنا أيضاً يكون لدينا هدفاً إلهياً. فالله لا يكتفي بأن يستند فرحنا أو ثقتنا على ما فعله لنا مهما كانت بركاته، وهباته، وعطاياه مدهشة. فقصد الله هو ألا نجد اكتفاءنا النهائي والأسمى في أي شيء أو أي شخص سواه. وقد لا يكون هذا ممكناً دون عملية تنمية الشخصية التي أوجزناها فعلياً. إن أحد العلامات الأكيد للنضج الروحي هي عندما يصبح الله ذاته، والله وحده هو مصدر فرحنا العميق وهدف تكرسينا الاسمى.

ومن الممتع أن نقارن تعاليم بولس هنا في (رومية ٥) مع

(٣٤) في الأصل اليوناني «... بل نبتهج أيضاً».

تعليمه في (١كورنثوس١٣) ، هذا الأصحاح المشهور بالحديث عن المحبة الإلهية. ويظهر لنا بولس في رومية أن الطريق للدخول إلى ملء المحبة الإلهية هو بالصبر، أو التحمل. ولكنه يضعه في (١كورنثوس ١٣ : ٧) في الاتجاه العكسي. فهو يخبرنا أن المحبة هي الأمر الوحيد القوي بما يكفي لتحمل كل الاختبارات فهو يقول: «**اَلْمَحَبَّةُ ... وَتَحْتَمِلُ كُلَّ شَيْءٍ، وَتُصَدِّقُ كُلَّ شَيْءٍ، وَتَرْجُو كُلَّ شَيْءٍ، وَتَصْبِرُ عَلَى كُلِّ شَيْءٍ**» (آيات ٤ و٧)، فالأسفار المقدسة تبتكر رابطة لا يمكن قطعها بين المحبة والتحمل.

قدم بولس مرة أخرى في (رومية ٥) الإيمان، والرجاء، والمحبة باعتبارها ثلاث مراحل متتابعة للخبرة المسيحية كالتالي: الإيمان يقول للرجاء، والرجاء يقود للمحبة. وقد قدم في (١كورنثوس ١٣ : ١٣) نفس الثلاث صفات بنفس الترتيب، إلا أنه أكد أنه بينما كل منها له قيمة دائمة، فالحبة هي الأعظم: «**أَمَّا الآنَ فَيَثْبُتُ الإِيمَانُ وَالرَّجَاءُ وَالْمَحَبَّةُ. هذِهِ الثَّلاَثَةُ، وَلكِنَّ أَعْظَمَهُنَّ الْمَحَبَّةُ**». عندما نتأمل في هذه الثلاث صفات الجميلة في مرآة كلمة الله، لنثبت عليها عيون القلب حتى تصبح جزءاً لا يتجزأ من شخصياتنا. وبهذه الطريقة، يتحقق الحق الذي تعلنه الآية التالية في اختبارنا:

«**وَنَحْنُ جَمِيعاً نَاظِرِينَ مَجْدَ الرَّبِّ بِوَجْهٍ مَكْشُوفٍ، كَمَا فِي**

مِرْآةٍ، نَتَغَيَّرُ إِلَى تِلْكَ الصُّورَةِ عَيْنِهَا، مِنْ مَجْدٍ إِلَى مَجْدٍ، كَمَا مِنَ الرَّبِّ الرُّوحِ» (٢ كورنثوس ٣ : ١٨) .

«**مِنْ مَجْدٍ إِلَى مَجْدٍ**» معناها من الإيمان إلى الرجاء، ومن الرجاء إلى المحبة. وقد قدم يعقوب في رسالته نفس المفهوم من الإيمان الذي ينمو بالاختبارات :

«**اِحْسِبُوهُ كُلَّ فَرَحٍ يَا إِخْوَتِي حِينَمَا تَقَعُونَ فِي تَجَارِبَ مُتَنَوِّعَةٍ، ٣عَالِمِينَ أَنَّ امْتِحَانَ إِيمَانِكُمْ يُنْشِئُ صَبْراً. وَأَمَّا الصَّبْرُ فَلْيَكُنْ لَهُ عَمَلٌ تَامٌّ، لِكَيْ تَكُونُوا تَامِّينَ وَكَامِلِينَ غَيْرَ نَاقِصِينَ فِي شَيْءٍ**» (٢ كورنثوس ٣ : ١٨) .

أخبرنا بولس أننا يجب أن نبتهج في الضيقات ؛ كما أخبرنا يعقوب أننا يجب نحسب جميع تجاربنا فرحاً. هذا يناقض تفكيرنا الطبيعي. فالاخبار والاختبار وحده هو الذي ينتج عنه التحمل، والتحمل هو الطريق الوحيد الذي يمكننا به أن ندخل إلى ملء إرادة الله لنا. وقد عبر يعقوب عن ذلك بقوله: «**لِكَيْ تَكُونُوا تَامِّينَ وَكَامِلِينَ غَيْرَ نَاقِصِينَ فِي شَيْءٍ**». وبهذه الغاية أمام أعيننا يكون لنا سبباً منطقياً لقبول امتحان إيماننا بفرح.

يُمتحن بالنـار

حذرنا بطرس أيضاً مثل بولس ويعقوب من التجارب التي لابد وأن يمر بها إيماننا. فقد وصف في (١بطرس ١ : ٥) المؤمنين باعتبارهم هؤلاء: «أَنْتُمُ الَّذِينَ بِقُوَّةِ اللهِ مَحْرُوسُونَ، بِإِيمَانٍ، لِخَلاَصٍ مُسْتَعَدٍّ أَنْ يُعْلَنَ فِي الزَّمَانِ الأَخِيرِ». كما أكد أن قوة الله لا يمكننها أن تعمل بفاعلية في حياتنا إلا بإيماننا؛ ومن ثم، فالإيمان المستمر هو أحد متطلبات المشاركة في إعلانات الله الكاملة والنهائية للخلاص. ثم وصف في الآيتين التاليتين كيف يُمتحن إيماننا:

«الَّذِي بِهِ (توقع الخلاص) تَبْتَهِجُونَ، مَعَ أَنَّكُمُ الآنَ - إِنْ كَانَ يَجِبُ - تُحْزَنُونَ يَسِيراً بِتَجَارِبَ مُتَنَوِّعَةٍ.

لِكَيْ تَكُونَ تَزْكِيَةُ[٣٥] إِيمَانِكُمْ، وَهِيَ أَثْمَنُ مِنَ الذَّهَبِ الْفَانِي، مَعَ أَنَّهُ يُمْتَحَنُ بِالنَّارِ، تُوجَدُ لِلْمَدْحِ وَالْكَرَامَةِ وَالْمَجْدِ عِنْدَ اسْتِعْلاَنِ يَسُوعَ الْمَسِيحِ» (٢كورنثوس ٣ : ١٨).

قارن بطرس هنا بين امتحان إيماننا وبين الطريقة التي يتم بها امتحان الذهب وتنقيته في ذلك الوقت وذلك بالنار في الفرن.

(٣٥) هي في الأصل اليوناني «لكي يكون الدليل على إيمانكم...».

وقد عاد إلى نفس الموضوع مؤخراً في نفس الرسالة وقال :

«أَيُّهَا الأَحِبَّاءُ، لاَ تَسْتَغْرِبُوا الْبَلْوَى الْمُحْرِقَةَ الَّتِي بَيْنَكُمْ حَادِثَةٌ، لأَجْلِ امْتِحَانِكُمْ، كَأَنَّهُ أَصَابَكُمْ أَمْرٌ غَرِيبٌ.

بَلْ كَمَا اشْتَرَكْتُمْ فِي آلاَمِ الْمَسِيحِ افْرَحُوا» (١ بطرس ٤ : ١٢-١٣).

وعندما نمر «بالبلوى المحرقة» فقد نفسرها في البداية على أنها «أمر غريب» ، أي أمر لا ينتمي للحياة المسيحية. بينما يؤكد لنا بطرس الرسول على النقيض من ذلك ، أن الامتحان الذي من هذا النوع هو جزء هام في الحياة ، فهو أمر جوهري لتنقية إيماننا ، تماماً مثلما تكون النار جوهرية في تنقية الذهب. وهو لذلك يحثنا على الاستمرار، كما قال «افرحوا». ومرة أخرى نجد في تعالم بطرس كما وجدنا من تعاليم بولس ويعقوب ذلك التناقض الظاهري بين الامتحان الشديد الذي يرتبط بالفرح الشديد.

رسم ملاخي النبي صورة حية ليسوع باعتباره المسيا المُنتظر منذ زمن والذي يأتي لشعبه ويتعامل معهم كالمحص الذي يتعامل مع الذهب والفضة.

«وَمَنْ يَحْتَمِلُ يَوْمَ مَجِيئِهِ وَمَنْ يَثْبُتُ عِنْدَ ظُهُورِهِ؟ لأَنَّهُ مِثْلُ نَارِ الْمُمَحِّصِ وَمِثْلُ أَشْنَانِ الْقَصَّارِ.

فَيَجْلِسُ مُمَحِّصاً وَمُنَقِّياً لِلْفِضَّةِ. فَيُنَقِّي بَنِي لاَوِي وَيُصَفِّيهِمْ كَالذَّهَبِ وَالْفِضَّةِ لِيَكُونُوا مُقَرِّبِينَ لِلرَّبِّ تَقْدِمَةً بِالْبِرِّ» (ملاخي ٣ : ٢-٣).

كان الممحص في أزمنة الكتاب المقدس لكي ينقي الذهب والفضة، يضع ذلك المعدن في إناء للانصهار على النار في أعلى درجة حرارة ممكنة. وكان يبني عادة ما يشبه أحد أشكال أفران الخزف ويستخدم المنفاخ لكي يزيد من اشتعال النار، وعندما ينصهر المعدن في الإيناء كانت النفايات التي هي المواد الغريبة المختلفة العالقة به. ترتفع على السطح فيزيلها الممحص من على سطح المعدن. (انظر أمثال ٣٥ : ٤). وتستتمر هذه العملية حتى تزال جميع الشوائيب ولا يبقى إلا المعدن النقي المُمَحص.

ويقال وقتها إن الممحص لم يكن يقتنع أن المعدن قد صار نقياً تماماً إلا عندما ينحني على الإناء الذي يحتوي المعدن ويرى صورته تنعكس بدقة على سطحه. وبنفس الطريقة يستمر الرب الذي هو ممحصنا في تطبيق نيران التجارب علينا حتى يرى صورته تنعكس علينا دون أي تحريف فيها.

والتجارب والضيقات هي البوتقة التي يمحص الله وينقي فيها شعبه حتى يوفوا متطلبات قداسته. طبق العديد من أنبياء العهد القديم هذه الصورة بطريقة لطيفة على بقية شعب إسرائيل الذين

كان مُقدراً لهم أن يبقوا أحياة بعد عقاب الله عليهم ويستردوا حظوتهم في عيني الله. فيقول الله في (إشعياء ٤٨ : ١٠) على سبيل لمثال «هَأَنَذَا قَدْ نَقَّيْتُكَ وَلَيْسَ بِفِضَّةٍ[٣٦]. اخْتَرْتُكَ فِي كُورِ الْمَشَقَّةِ». ويقول الله مرة أخرى في سفر زكريا :

«وَأُدْخِلُ الثُّلْثَ فِي النَّارِ وَأَمْحَصُهُمْ كَمَحْصِ الْفِضَّةِ وَأَمْتَحِنُهُمُ امْتِحَانَ الذَّهَبِ. هُوَ يَدْعُو بِاسْمِي وَأَنَا أُجِيبُهُ. أَقُولُ: هُوَ شَعْبِي وَهُوَ يَقُولُ: الرَّبُّ إِلَهِي» (زكريا ١٣ : ٩).

وتسمى المعادن التي تمر في امتحان النار هذا «**ممحصة** (مُصَفاه)». وهي وحدها التي لها قيمة عالية جداً. أما المعادن التي تفضل في اجتياز ذلك الامتحان فتُسَمى «مرفوضة»، وقد سُمِي إسرائيل في (إرميا ٦ : ٣٠) «**فِضَّةً مَرْفُوضَةً**» لأن حتى الأقضية القاسية والمتحررة التي وضعها علهم الله فشلت في تنقيتهم.

أكد كل من بطرس، ويعقوب، وبولس في العهد الجديد أن الذي يُمتحن في التجارب التي نجتاز فيها إنما هو إيماننا على نحو خاص. وهو ذلك المعدن ذا القيمة الفائقة التي لا يمكن قبوله إلا عندما يجتاز امتحان النار. وقد حذر يسوع بطرس في العشاء الأخير أنه سوف ينكر ربه قريباً وقال له في هذا السياق : «**وَلكِنِّي طَلَبْتُ مِنْ**

(٣٦) هي في الأصل العبري «هأنذا قد نقيتك وليس كفضة».

أَجْلِكَ لِكَيْ لاَ يَفْنَى[٣٧] **إِيمَانُكَ**». فنظر للضغوط وشبكة الحدوث ونقاط الضعف اتي في شخصية بطرس، فلقد كان فشله في ساعة الأزمة أمراً حتمياً، ولا يوجد ما يمنع ذلك، إلا أنه مع ذلك لم يكن سيفقد كل إيمانه. وما زال الطريق مفتوحاً أمامه للعودة والاعتراف بربه مرة أخرى ولكن في حالة واحدة فقط وهي: ألا يفشل (يفنى) إيمانه.

وينطبق نفس الأمر علينا فسوف تأتي أوقات للضغوط ستبدو غير مُحتَمَلَة. وقد يحدث معنا مثلما حدث مع بطرس ونستسلم ونفشل وقتياً، ولكن لن يُفقَد الجميع! ويوجد طريق للعودة ولكن في حالة واحدة فقط وهي: ألا يفشل إيماننا. إذاً، فلا عجب في أن الإيمان يُسمَى «ثمين» وأكثر من ذلك بما لا يقاس من مثيله المادي الذي هو «**الذَّهَبِ الْفَانِي**» (١ بطرس ١ : ٧). وطالما لا نتنازل عن إيماننا تحت الضغوط فسوف نكون قادرين على ترديد كلمة أيوب في وقت امتحانه وبلوته الظاهرة: «**لأَنَّهُ (الله) يَعْرِفُ طَرِيقِي. إِذَا جَرَّبَنِي أَخْرُجُ كَالذَّهَبِ**» (أيوب ٢٣ : ١٠).

---

(٣٧) هي في الأصل اليوناني «لكي لا يفشل إيمانك».

نوعا الامتحان

يصف مثل الزارع المذكور في (متى ١٣) استجابة أربعة أنواع مختلفة من البشر للرسالة التي تقدمها كلمة الله. فتمثل البذار التي وقعت على الطريق هؤلاء الذين لا يقبلون الرسالة في قلوبهم البتة. أما البذار التي وقعت على الطريق هؤلاء الذين لا يقبلون الرسالة في قلوبهم البتة. أما البذار التي وقعت على الأرض الجيدة فهي تمثل أولئك الذين يقبلون الرسالة في قلوبهم وفي الوقت المناسب يثمرون ثماراً دائمة بإيمانهم وطاعتهم. ولكن بين هاتين المجموعتين وصف يسوع نموذجين آخرين من البشر، وتمثلهما البذار التي وقعت بين الشك وعلى الأرض المحجرة. والأشخاص الذين في كلا المجموعتين يقبلون الرسالة في قلبوهم ولكنهم يفشلون في تحقيق شروط تقديم ثمار جيدة ودائمة. إذاً فقد نقول إن كلا المجموعتين فشلا في اجتياز الامتحان الذي تعرضا له بعد قبولهما المبدئي لكلمة الله.

فأي نوع من الامتحانات تمثله هاتان المجموعتان؟ لننظر أولاً إلى البذار التي وقعت على الأرض الحجرية. قال يسوع عن الذين يمثلون الأرض الحجرية ما يلي:

«وَالْمَزْرُوعُ عَلَى الأَمَاكِنِ الْمُحْجِرَةِ هُوَ الَّذِي يَسْمَعُ الْكَلِمَةَ وَحَالاً يَقْبَلُهَا بِفَرَحٍ.

وَلَكِنْ لَيْسَ لَهُ أَصْلٌ فِي ذَاتِهِ [٣٨] بَلْ هُوَ إِلَى حِينٍ [٣٩]. فَإِذَا حَدَثَ ضِيقٌ أَوِ اضْطِهَادٌ مِنْ أَجْلِ الْكَلِمَةِ فَحَالاً يَعْثُرُ» (متى ١٣ : ٢٠-٢١) .

والكلمات المدققة التي استخدمها يسوع هنا ذات مغزى . لهو لم يقل (في الأصل اليوناني) «إذا حدث ضيق أو اضطهاد» ولكنه قال : «فعندما يحدث ضيق أو اضطهاد» . وبمعنى آخر سيأتي الضيق والاضطهاد بالتأكيد، في وقت أو آخر ، وذلك لكل من يقبل كلمة الله . والسؤال المطروح أمام كل منا ليس هو إذا كان يجب أن نواجه هذه الأمور أم لا . بل إذا كانت شخصياتنا سوف تتشكل إلى الدرجة التي تجعلنا نجتازها منتصرين وبإيمان سليم أم لا . لذلك لابد أن نسمح لكلمة الله أن تخترقنا حتى إلى أعماق قلوبنا، لكي تجعل كل شيء يتماشى مع إرادته. ويجب ألا توجد أي «أرض حجرية» بداخلنا تقاوم تطبيق كلمة الله على كل مجالات حياتنا .

فماذا عن البذار التي وقعت بين الشوك؟ قال يسوع هذه

---

(٣٨) هي في الأصل اليوناني «ولكن ليس له جذر ثابت . . .».
(٣٩) هي في الأصل اليوناني « . . . فعندما يحدث ضيق . . .».

الكلمات عن الذين يمثلون الأرض الشوكية:

«وَالْمَـزْرُوعُ بَيْنَ الشَّوْكِ هُوَ الَّـذِي يَسْمَعُ الْكَلِمَةَ، وَهَـمُّ هَذَا الْعَالَمِ وَغُـرُورُ[٤٠] الْغِنَى يَخْنُقَانِ الْكَلِمَةَ فَيَصِيرُ بِلاَ ثَمَرٍ» (متى ١٣ : ٢٢).

ليس الامتحان الذي يستبعد الذين من هذا النموذج هو الضيق أو الاضطهاد، بل على النقيض: اهتمامات العالم وغناه. فضغوط الصيت البشري والنجاح المادي تخنق الحق الذي أعلنه الله، والذي قبله هؤلاء. وفي النهاية لا يكون للحق الذي يعلنه الله أي تأثير على حياتهم. وبدلاً من تغيرهم إلى شبه صورة يسوع، يصبحون متوافقين مع العالم المحيط بهم الذي هو غير مؤمن ويرفض المسيح.

يمكننا أن نقول بمنتهى البساطة إن هاتين المجموعتين تمثلان نموذجي الامتحان الذي قد يتوقع جميع المؤمنين أن يتعرضوا له. فيأتي الامتحان الأول عندما تكون الأمور صعبة جداً. بينما يأتي الامتحان الثاني عندما تكون الأمور سهلة جداً. فيستسلم البعض تحت ضغط الاضطهاد؛ بينما يستسلم آخرون تحت ضغط النجاح المادي. وتوجد في سفر الأمثال آية لكلا النموذجين من بين البشر،

---

(٤٠) في الأصل اليوناني «وهم هذا العالم وخداع الغنى ...».

قال سليمان للذين يستسلمون تحت الاضطهاد: «**إِنِ ارْتَخَيْتَ فِي يَوْمِ الضِّيقِ ضَاقَتْ قُوَّتُكَ**» (أمثال ٢٤ : ١٠)، وقال سليمان عن الذين يبعدهم النجاح: «**لأَنَّ ارْتِدَادَ الْحَمْقَى**[٤١] **يَقْتُلُهُمْ، وَرَاحَةَ الْجُهَّالِ تُبِيدُهُمْ**» (أمثال ١ : ٣٢). ومن المحزن جداً أن سليمان نفسه انتمى إلى هذه الفئة الأخيرة. فعلى الرغم من الحكمة التي أعطاها له الله. إلا أن غناه المادي خدعه ودمره في النهاية.

من ناحية أخرى نرى في موسى رجلاً تحمل كلا هذين الامتحانين. فقد تمتع لمدة أربعين سنة بغنى القصر الملكي المصري ورفاهيته، وكان الوريث المرجح لعرض فرعون. ولكن عندما بلغ سن النضج أدار ظهره لهذه الرفاهية واختار طريق الوحدة والفشل الظاهري. ووصفت الرسالة إلى العبرانيين هذا بشكل جلي فيما يلي:

«**بِالإِيمَانِ مُوسَى لَمَّا كَبِرَ أَبَى أَنْ يُدْعَى ابْنَ ابْنَةِ فِرْعَوْنَ.**

مُفَضِّلاً بِالأَحْرَى أَنْ يُذَلَّ مَعَ شَعْبِ اللهِ عَلَى أَنْ يَكُونَ لَهُ تَمَتُّعٌ وَقْتِيٌّ بِالْخَطِيَّةِ» (عبرانيين ١١ : ٢٤-٢٥).

اجتاز موسى في الأربعين سنة التالية امتحان الضيق. فكان منفياً عن شعبه، وشخص لا يعتد به في أعين العالم - يرعى قطيع

(٤١) في الأصل العبري «لأن إرتداد البسطاء يقتلهم ورخاء الجهال يدمرهم».

الغنم الذي يملكه حماه في أبعد أطراف البرية القاحلة .

ومع ذلك ، فعندما اجتاز موسى أخيراً كلا الامتحانين وهو في الثمانين من عمره، ظهر باعتباره المخلص والقائد الذي عينه الله لشعبه . فيالها من كلمات عظيمة تلك التي ذكرها يعقوب الرسول في : (يعقوب ١ : ٤) «وَأَمَّا الصَّبْرُ فَلْيَكُنْ لَهُ عَمَلٌ تَامٌّ، لِكَيْ تَكُونُوا تَامِّينَ وَكَامِلِينَ غَيْرَ نَاقِصِينَ فِي شَيْءٍ» .

المتحـــالان

قال «روديـارد كيبلنج» «Rudyard Kipling» في قصيدته المشهورة التي تسمى «إذا» «if» أمر حقيقي للغاية فيما يتعلق بالنجاح والفشل (فيما معناه) :

إذا كان يمكنك التقابل مع النصرة والمصيبة،

والتعامل مع هذين المحتالين تماماً مثلهما...

سواء كنا نقول «النصرة والبلية»، أم «النجاح والفشل»، فوصف «كيبلنج» عنهما صحيح أي محتالان. وكذلك ليس أحدهما في حقيقته دائماً.

لحسن الحظ فقد أُعطينا مثالاً تماماً لكيفية التعامل مع هذين

المحتالين . ولم يقابلهما أحد بشكل أكثر كمالاً مما فعل الرب يسوع نفسه ولا كشف أحد إدعاءاتهما المتكبرة على نحو فعال أكثر منه . فقد اختبر لحظات من النجاح الذي لا يقارن، كما حدث عندما ألقى الجميع بملابسهم على الطريق أمامه ورحبوا به كنبي الله المرسل لأورشليم . وكذلك اختبر لحظات الفشل الكامل كما حدث عبد أسبوع واحد عندما صرخ نفس ذلك الجمع قائلين : «اصْلِبْهُ! اصْلِبْهُ!» بينما هجره أقرب أصدقائه وأتباعه . ومع ذلك لم يتباه يسوع البتة بنجاحه بطريقة غير لائقة ولا اكتئب بسبب الفشل . فقد كان مدفوعاً، بنفس القدر في الحالتين، بغرض أسمى وهو : أن يفعل مشيئة أبيه وأن يتمم العمل الذي أعطاه له أبيه لكي يتممه . وقد قاده ذلك الغرض الذي تابعه بلا انحراف لكي يجتاز منتصراً في كلا الامتحانين وهما النجاح والفشل على حدٍ سواء .

تحدانا كاتب رسالة العبرانيين في (عبرانيين ١٢ : ١-٢) عندما ذكر لنا مؤمني العهد القديم الذي غلب إيمانهم كل أنواع الامتحانات ثم وضع لنا يسوع أمام أعيننا كالنموذج النهائي التام للتحمل والنصرة النهائية فقال :

«١ لِذَلِكَ نَحْنُ أَيْضاً إِذْ لَنَا سَحَابَةٌ مِنَ الشُّهُودِ مِقْدَارُ هَذِهِ مُحِيطَةٌ بِنَا، لِنَطْرَحْ كُلَّ ثِقْلٍ وَالْخَطِيَّةَ الْمُحِيطَةَ بِنَا بِسُهُولَةٍ،

وَلْنُحَاضِرْ بِالصَّبْرِ فِي الْجِهَادِ الْمَوْضُوعِ أَمَامَنَا،

نَاظِرِينَ[٤٢] إِلَى رَئِيسِ الإِيمَانِ وَمُكَمِّلِهِ يَسُوعَ، الَّذِي مِنْ أَجْلِ السُّرُورِ الْمَوْضُوعِ أَمَامَهُ احْتَمَلَ الصَّلِيبَ مُسْتَهِيناً بِالْخِزْيِ، فَجَلَسَ فِي يَمِينِ عَرْشِ اللهِ» (عبرانيين ١٢ : ١-٢).

عندما نتبع هذا الحدث ونجعل يسوع النموذج الذي نتبعه، نكتشف أنه بالحقيقة كل من «رَئِيسِ الإِيمَانِ وَمُكَمِّلِهِ». فالذي بدأ بنعمته العمل في كل منا، سوف يكلمه كذلك بنعمته. وكل ما يطلبه منا هو أن نثبت عيوننا عليه.

(٤٢) في الأصل اليوناني «مثبتين أعيننا على رئيس الإيمان...».

المخـلـص

تخبرنا الأسفار المقدسة بوضوح أن إيماننا سوف يتعرض لامتحانات قاسية. وهي ضرورية لإثبات صحته ولتنمية الشخصية المسيحية القوية فينا.

ذكر لنا بولس أربع نتائج لمثل هذه الامتحانات وهي: أولاً: الصبر (أو التحمل)؛ وثانياً: التزكية؛ وثالثاً: الرجاء (وهو التوقع القوي، والهادئ، والواثق للخير)؛ ورابعاً: محبة الله التي تملأ قلوبنا. وأخيراً، تأتي بنا الامتحانات إلى علاقة مع الله نجد فيها أسمى الشبع، فيه وليس سواه.

قدم يعقوب وبطرس تعاليمهما المتشابهة بأن الضيق جزء ضروري في خبرتنا المسيحية الكلية. وقارن بطرس الامتحانات التي نجتازها بالنار التي يستخدمها الممحص لكي ينقي الذهب ويعطيه أعلى قيمة ممكنة، وقد استخدم أنبياء العهد القديم أيضاً هذه الصورة في وصف تعاملات الله مع إسرائيل.

أكد كل من بولس، يعقوب، وبطرس لنا بطريقة قاطعة بأننا بمجرد فهمنا للغرض من الضيقات، سوف نقبلها بفرح. وحتى إن فشلنا وقتياً تحت الضغط الشديد، فلا يجب أبداً أن نتخلى

عن إيماننا .

يتخذ الامتحان شكلين أساسيين وهما : عندما تكون الأمور
عسيرة جداً وعندما تكون الأمور يسيرة جداً . وموسى هو أحد
أمثلة الإنسان الذي تحمل كلا هذين الامتحانين وخرج منهما
أخيراً باعتباره قائداً معيناً من الله لشعبه . ومع ذلك فالمثال
الاسمى للتعامل مع كل من النجاح والفشل هو يسوع نفسه .
وعندما نتبع مثاله ، سوف يأتي إلى النضج الكامل .

١٠
مقدار الإيمان

يجب على أية دراسة عملية عن الإيمان المسيحي أن تضع في اعتبارها تعاليم الرسول بولس عن «مقدار الإيمان»:

«فَأَطْلُبُ إِلَيْكُمْ أَيُّهَا الإِخْوَةُ بِرَأْفَةِ اللهِ أَنْ تُقَدِّمُوا أَجْسَادَكُمْ ذَبِيحَةً حَيَّةً مُقَدَّسَةً مَرْضِيَّةً عِنْدَ اللهِ، عِبَادَتَكُمُ الْعَقْلِيَّةَ (أو الروحية).

وَلاَ تُشَاكِلُوا هَذَا الدَّهْرَ، بَلْ تَغَيَّرُوا عَنْ شَكْلِكُمْ بِتَجْدِيدِ أَذْهَانِكُمْ، لِتَخْتَبِرُوا مَا هِيَ إِرَادَةُ اللهِ الصَّالِحَةُ الْمَرْضِيَّةُ الْكَامِلَةُ.

فَإِنِّي أَقُولُ بِالنِّعْمَةِ الْمُعْطَاةِ لِي لِكُلِّ مَنْ هُوَ بَيْنَكُمْ: أَنْ لاَ يَرْتَئِيَ فَوْقَ مَا يَنْبَغِي أَنْ يَرْتَئِيَ، بَلْ يَرْتَئِيَ إِلَى التَّعَقُّلِ، كَمَا قَسَمَ اللهُ لِكُلِّ وَاحِدٍ مِقْدَارًا مِنَ الإِيمَانِ.

فَإِنَّهُ كَمَا فِي جَسَدٍ وَاحِدٍ لَنَا أَعْضَاءٌ كَثِيرَةٌ، وَلَكِنْ لَيْسَ جَمِيعُ الأَعْضَاءِ لَهَا عَمَلٌ وَاحِدٌ.

هَكَذَا نَحْنُ الْكَثِيرِينَ: جَسَدٌ وَاحِدٌ فِي الْمَسِيحِ، وَأَعْضَاءٌ بَعْضًا لِبَعْضٍ، كُلُّ وَاحِدٍ لِلآخَرِ.

وَلَكِنْ لَنَا مَوَاهِبُ مُخْتَلِفَةٌ بِحَسَبِ النِّعْمَةِ الْمُعْطَاةِ لَنَا: أَنُبُوَّةٌ فَبِالنِّسْبَةِ إِلَى الإِيمَانِ.

أَمْ خِدْمَةٌ فَفِي الْخِدْمَةِ، أَمِ الْمُعَلِّمُ فَفِي التَّعْلِيمِ.

أَمِ الْوَاعِظُ فَفِي الْوَعْظِ، الْمُعْطِي فَبِسَخَاءٍ، الْمُدَبِّرُ فَبِاجْتِهَادٍ، الرَّاحِمُ فَبِسُرُورٍ.» (رومية ١٢ : ١-٨) .

افتتح بولس الرسول الأصحاح الثاني عشر من رسالة رومية بهذه الكلمات :

«فَأَطْلُبُ إِلَيْكُمْ» ويعلق البعض قائلين إننا عندما نقابل «ف(٤٣)» في الكتاب المقدس فإننا نحتاج لمعرفة سبب وجودها في هذا المكان! وترجع «ف» في هذه الحالة إلى كل ما كان بولس يقوله في الأحد عشر أصحاحاً السابقة من رسالة رومية . فقد أرضح من الأصحاح الأول إلى الثامن كيف قدم المسيح بموته على الصليب كفارة كاملة ونهائية للخطية ونتائجها الشريرة. ثم تناول في الأصحاحات التاسع إلى الحادي عشر عناد إسرائيل الشديد وحماقتهم وهم شعب الله طبقاً للعهد القديم، كما تناول النعمة

---

(٤٣) في أصل اللغة حرف «الفاء» يساوي في المعنى «إذا».

والرفعة المتناهيين اللذين استمر الله في إظهارهما لهم.

وبعدما أوضح تدريجياً رحمة الله لكل من اليهود والأمم، قال بولس «ف» (آية ١). ففي ضوء كل ما فعله الله لنا جميعاً، ما هي «عبادتنا العقلية (أو الروحية كما في ترجمات أخرى) (آية ١)»؟ وما هو ذلك الأقل الذي يمكن لله أن يطلبه منا؟ قدموا له «أَجْسَادَكُمْ ذَبِيحَةً حَيَّةً مُقَدَّسَةً» (آية ١) وذلك بأن نضع أنفسنا كلية ودون تحفظات على مذبح الله. عندما تحدث بولس عن الذبيحة الحية، قارن بين ذبيحتنا والذبائح التي قُدِّمت طبقاً للعهد القديم لكي يظهر الاختلافات بينهما. ففي تلك الذبائح في العهد القديم كان الحيوان يُذبح أولاً ثم يوضع على المذبح، أما في العهد الجديد المطلوب من كل منا أن يضع جسده تحت تصرف الله بشكل كلي وتام مثل تلك الذبائح ولكن مع اختلاف واحد وهو أن أجسادنا حية، أي نخدم الله بحياتنا بدلاً من موتنا.

إن تقديم أجسادنا كذبيحة حية خضوعاً كاملاً لله، وبالتالي يفتح الطريق لسلسلة من الخطوات التي تقودنا إلى تحقيق إرادة الله وتسديده للاحتياجات. تبدأ الخطوة الأولى بتغيير أسلوب حياتنا بالكامل. فنتوقف عن أن «نشاكل هذا الدهر» (رومية ١٢: ٢). و«نتغير عن شكلنا» (آية ٢). وهذا التغيير عن الشكل ليس ناتجاً عن مجموعة من القواعد التي تحكم سلوكياتنا الخارجية في أمور

مثل الطعام، والملابس، والتسلية، وغيرها، بل ينبع من تجديد داخلي في أذهاننا فتتغير أشكالنا (آية ٢). وتصحح اتجاهاتنا وقيمنا. وأولوياتنا.

وقد أخبرنا بولس قبل ذلك في رسالته إلى (رومية ٨: ٧). أن «**لأَنَّ اهْتِمَامَ الْجَسَدِ**[٤٤] **هُوَ عَدَاوَةٌ لِلّٰهِ، إِذْ لَيْسَ هُوَ خَاضِعًا لِنَامُوسِ اللّٰهِ**». يشير مصطلح الجسد (أو الذهن الجسداني) للطريقة الطبيعية التي يفكر بها كل منا نتيجة لخطيتنا وتمردنا. وهذا التفكير هو بالفعل في عداوة مع الله. وفي العلاقات الإنسانية لا يكشف إنسان لأحد أعدائه أموراً مهمة أو ثمينة لديه البتة. وطالما ظلت أذهاننا في عداوة مع الله سيبقى هناك الكثير من الأمور الثمينة والمدهشة التي لن يشكفها لنا. **ولكن بمجرد أن تتصالح أذهاننا مع الله بعمل الخضوع، تزول العداوة معه وتتجدد تدريجياً بالروح القدس.**

ولن يعلن الله عن مشيئته، التي هي خطته في حياة كل منا، إلا لأذهاننا المتجددة. ويعلن الله مشيئته تدريجياً في ثلاث مراحل متتالية. فتكون إرادة الله في المرحلة الأولى: «**صَّالِحَةُ**» (رومية ١٢: ٢)، فنكتشف أنه لا يريد لنا إلا ما هو صالح لنا. وإرادة الله في المرحلة الثانية «**مَرْضِيَّةُ**» (آية ٢)، فكلما فهمناها

(٤٤) في الأصل اليوناني «اهتمام الذهن الجسداني...».

على نحو أفضل أصبحنا أكثر استعداداً لقبولها. وفي المرحلة الثالثة، تكون إرادة الله «**كَامِلَةُ**» (آية ٢)، وهي تامة وشاملة لكل الأمور وتوفر كل الاحتياجات في كل مجالات حياتنا.

عندما تتجدد أذهاننا، فإننا لن «**يَرْتَئِيَ فَوْقَ مَا يَنْبَغِي**» (آية ٣)، بل نتوقف عن الكبرياء، والبحث عن الذات. وتأكيد الذات، ولا نرى أحلام اليقظة، وخداع الذات، ونصبح متزنين وواقعيين وينمو لدينا «**التَّعَقُّلِ**» (آية ٣) ونستوعب فكر يسوع الذي قال للآب «**لِتَكُنْ لاَ إِرَادَتِي بَلْ إِرَادَتُكَ**» (لوقا ٢٢ : ٤٢). وتصبح خطط الله ومقاصده لنا أكثر أهمية من خططنا ومقاصدنا.

يقودنا هذا للاكتشاف التالي الذي هو: إن الله أعطى لكل منا «**مِقْدَارًا مِنَ الإِيمَانِ**» (رومية ١٢ : ٣). والأمر ليس متروكاً لنا لنحدد مقدار من الإيمان الذي سنمتلكه، فقد عين الله ذلك المقدار الخاص بكل منا كما خصص لكل منا ذلك المقدار الذي نحتاجه بدقة. ولكن ما هي المعايير التي يستخدمها الله لتحديد مقدار الإيمان الذي نحتاجه؟

«**فَإِنَّهُ كَمَا فِي جَسَدٍ وَاحِدٍ لَنَا أَعْضَاءٌ كَثِيرَةٌ، وَلكِنْ لَيْسَ جَمِيعُ الأَعْضَاءِ لَهَا عَمَلٌ وَاحِدٌ.**

هكَذَا نَحْنُ الْكَثِيرِينَ: جَسَدٌ وَاحِدٌ فِي الْمَسِيحِ، وَأَعْضَاءٌ بَعْضًا

لِبَعْضٍ، كُلُّ وَاحِدٍ لِلآخَرِ» (رومية ١٢ : ٤-٥).

نحن المسيحيون جسد واحد كامل. وفي هذا الجسد يكون كل منا عضواً مميزاً، له مكان مميز ووظيفة مميزة فهناك الأنف، وهذه الأذن، وتلك اليد، وتلك القدم، وهكذا.

يتناول بولس في (١كورنثوس ١٢ : ١٢-٢٨) مفهوم الجسد وأعضائه على نحو أكثر كمالاً. فقال إن الله هو الذي «**وضع الأعضاء كل واحد منها في الجسد كما أراد**» (آية ١٨). فلا يمكن لأي منا أن يختار مكانه أو ووظيفته في الجسد. وكل ما يمكننا عمله هو أن نعرف ذلك المكان الذي عينه لنا الله، ونملأ ذلك المكان. وكما رأينا فهذا يتطلب ذهناً متجدداً.

يستمر بولس في الإشارة إلى أننا كأعضاء جسد واحد، فإننا نعتمد على بعضنا البعض، ونحتاج لبعضنا البعض وليس فينا من هو حر لعمل ما يرضيه دون اعتبار للأعضاء الآخرين، حيث «**لاَ تَقْدِرُ الْعَيْنُ أَنْ تَقُولَ لِلْيَدِ: «لاَ حَاجَةَ لِي إِلَيْكِ». أَوِ الرَّأْسُ أَيْضاً لِلرِّجْلَيْنِ: «لاَ حَاجَةَ لِي إِلَيْكُمَا**» (آية ٢١). والمسيح هو نفسه الرأس، الذي هو أعلى الأعضاء (انظر أفسس ٤ : ١٥). والقدمان هما أكثر الأعضاء انخفاضاً وهما في الطرف الآخر من الجسد، ومع ذلك يحتاج الرأس إليهما ولا يمكنه العمل بدونهما. ونفهم في ضوء ذلك لما قال بولس إننا يجب ألا نرتئي في أنفسنا فوق

ما ينبغي بل يجب أن نتعلم أن نكون متزنين وواقعيين حتى نجد مكاننا في الجسد .

تمكنا صورة الجسد وأعضائه من فهم ما قصده بولس عندما قال : «مِقْدَارًا مِنَ الإِيمَانِ» (رومية ١٢ : ٣) ، فكل منا عضو في الجسد ، وله وظيفة محدودة ، ونحتاج لمقدار معين من الإيمان لكي ننجز وظائفنا . ويختلف نوع الإيمان الذي يحتاجه كل عضو وكذلك مقداره ، فتحتاج العين إلى «إيمان العين» ، وتحتاج اليد إلى «إيمان اليد» ، وتحتاج القدم إلى «إيمان القدم» . وهذا المقدار من الإيمان غير قابل للتغير ، فلا يمكن للإيمان الذي يمكّن اليد من أداء وظيفتها ، أن يعمل ذلك للقدم ، ولا يمكن للإيمان الذي يمكن العين من أداء وظيفتها أن يعمل ذلك للأذن . فيجب أن ينال كل عضو مقدار الإيمان المناسب له والخاص به .

بمجرد عثورنا على مكننا المحدد في الجسد وقيامنا بدورنا ، نكون مستعدين للمرحلة التالية التي يقدم لنا الله فيها مواهبه (أو باليونانية Charismata) . «وَلَكِنْ لَنَا مَوَاهِبُ مُخْتَلِفَةٌ بِحَسَبِ النِّعْمَةِ الْمُعْطَاةِ لَنَا ، أَنُبُوَّةٌ فَبِالنِّسْبَةِ إِلَى الإِيمَانِ» . (رومية ١٢ : ٦) ، وقد ذكر بولس ستة مواهب أخرى بالإضافة للنبوة وهي : الخدمة ، والتعليم ، والوعظ ، والعطاء ، والتدبير ، وتقديم أعمال الرحمة ، ولا يمكن بأي وسيلة كانت ، أن تكون تلك قائمة شاملة لجميع

المواهب الممكنة، بل هي مجرد أحد المجموعات التي تظهر التنوع المتاح.

يظهر هنا أحد المبادئ المهمة وهو: إن تحديد المكان والوظيفة المعينين في الجسد يأتي قبل المواهب. ينشغل الكثير من المؤمنين أكثر مما يجب بالمواهب والخدمات، ويركزون أذهانهم بشدة على مواهب معينة من اختيارهم الخاص. وعادة ما يل هؤلاء لأن تكون ظاهرة أمام الجميع، مثل مواهب الشفاء أو عمل المعجزات، أو خدمة الرسول أو المبشر. وحقيقة قال بولس لنا في (١ كورنثوس ١٢ : ٣١) : «**وَلَكِنْ جِدُّوا لِلْمَوَاهِبِ الْحُسْنَى**». ولكن الأمر المهم جداً في ذلك هو أنه لم يخبرنا أيهما هي «الحسنى» فلا يوجد معيار مطلق. وقيمة الموهبة لا صلة وثيقة بمكاننا في الجسد. فالمواهب التي تمكنني من إنجاز وظيفتي التي عينها لي الله هي بالنسبة لي «**الْمَوَاهِب الْحُسْنَى**».

لا يبالي المؤمنون الذي ينشغلون أكثر مما يجب بالمواهب المثيرة أو الظاهرة أمام الناس بالتحذير الذي قدمه لنا بولس وهو «**التَّعَقُّلِ**» (رومية ١٢ : ٣). فليست مسئوليتنا الأولى أن نقرر أي المواهب نود أن نمتلكها، إنما أن نجد مكاننا في جسد المسيح. وسوف يحدد ذلك بدوره نوع المواهب التي نحتاجها لكي نؤدي دورنا بفاعلية. تشير الخبرات إلى أنه بمجرد أن يحسم الشخص

مسألة المكان والوظيفة فإن المواهب المطلوبة تعمل تلقائياً دون مجهود أو كفاح مفرط.

يمكننا الآن أن نوجز تعاليم بولس الموجود في (رومية ١٢ : ١-٨). يقدم الله لكل منا بالمسيح نعمة ورحمة فائقي المعرفة. ولكي نستجيب لهذه النعمة والرحمة، من الضروري أن نجتاز الخطوات الآتية:

١. نقدم أولاً أجسادنا لله كذبيحة حيّة.

٢. تتجدد أذهاننا تدريجياً بالروح القدس، وهذا العمل يدل على الخضوع.

٣. التعبير الخارجي لهذا التغيير في أذهاننا هو تغير أسلوب حياتنا، أي أننا نتغير عن شكلنا!

٤. يمكننا أن نعف بأذهاننا المتجددة إرادة الله لحياتنا في ثلاث مراحل متصاعدة وهي: أولاً «صالحة»، ثانياً: «مرضية»، وثالثاً: «كاملة» (رومية ١٢ : ٢).

٥. تثبت الخبرات أن مشيئة الله تجعلنا صالحين لمكاننا المعين كأعضاء في الجسد، كما تمكننا من تأدية وظائفنا فيه.

٦. نكتشف بذلك أن الله قد أعطى كل منا مقداراً من الإيمان يتناسب تماماً مع مكاننا ووظائفنا في الجسد. فالله يعطي لأحدهم «إيمان

الأذن» إن كان هو أذناً، «وإيمان العين» إن كان عيناً.

٧- عندما نؤدي وظائفنا في المكان المعين لنا وبالقدر المعين لنا من الإيمان، فإن المواهب التي نتاجها تبدأ في تأدية عمها.

رأينا في الفصل السادس من هذا الكتاب العبارة التي قالها بولس الرسول في (رومية ١٠ : ١٧) إن «**الإِيمَانُ بِالْخَبَرِ** (بالسماع)، **وَالْخَبَرُ** (السماع) **بِكَلِمَةِ اللهِ**». فكيف يرتبط هذا بتعليم بولس الرسول في (رومية ١٢ : ٣-٥) بأن الله خصص لكل منا مقداراً معيناً من الإيمان، يتناسب مباشرة مع مكاننا ووظائفنا المعينة في جسد المسيح؟

الإجابة في اعتقادي هي أن: السماع يخدم الشخص المسيحي بنفس الطريقة التي يخدم بها جهاز الردار الطائرة، فكلما أصبحنا أكثر حساسية لجهاز الردار الذي يعطيه لنا الله أي الكلمة الخاصة التي يتكلمها لكل منا شخصياً، نصل إلى أماكننا وخدماتنا في جسد المسيح بسرعة وبساطة. ويشبه عثورنا على مكاننا هبوط الطائرة على ممر الهبوط بدقة، فالسماع هو جهاز الرادار الذي يحضرنا إلى الموضع الذي يريدنا الله فيه بدقة. وبعد ذلك، عندما نستمر في سماع كل ما يأتي إلينا من الله، نكون قادرين على البقاء في أماكننا وتأدية خدماتنا فيه بفاعلية.

ولا يجب أن تؤخذ حقيقة أن الله خصص لكل منا مقداراً معيناً من الإيمان، على أنها تدل ضمنياً على أن إيماننا سيبقى ساكناً، بل على العكس، كلما نمت قدرتنا على أداء خدماتنا بفاعلية في الجسد ينمو إيماننا تبعاً لذلك. فالخدمات الأكثر فاعلية تتطلب إيماناً متزايداً، وفي المقابل، يقدم الإيمان المتزايد خدمات أكثر فاعلية. ولذلك تظل هناك دائماً علاقة ثابتة بين الإيمان والخدمات.

عندما ننظر إلى الإيمان في ضوء ذلك، نجد أنه ليس سلعة يمكننا شراؤها أو المقايضة عليها في سوق التدين، بل أنه التعبير عن وجود علاقة مع الله، وهو نتيجة فعل الخضوع الذي يجعلنا في انسجام مع مشيئة الله لحياتنا. وعندما نستمر في خضوعنا وطاعتنا لله، فإن إيماننا يمكننا من اتخاذ الأماكن وتأدية الوظائف التي عينها لنا الله. وهذا الإيمان هو أمر شخصي إلى أبعد الحدود، وهو مقدار معين خصصه الله لكل منا. ولن يعمل مقدار الإيمان «الخص بي» معك، وكذلك لن يعمل مقدار الإيمان «الخص بي» معي. فجيب أن يحصل كل منا على المقدار الخاص به من الإيمان، وهو ذلك المقدار الذي يناسب وظيفته في الجسد.

أتذكر أنني عندما كنت مؤمنا صغيراً إلى حدٍ ما، تأثرت بشدة بالإيمان الذي رأيته معلناً في حياة مؤمن أكثر نضجاً مني، كان قد قدم لله تضحيات عظيمة وحقق نجاحات عظيمة. فقلت في أحد

الأيام، دون تفكير تقريباً: «»يا رب أنا لا أنه يمكنني الحصول على إيمان مثل ذلك أبداً. فأجابني الله إجابة واضحة وعملية على نحو غير متوقع: «لا يمكنك الحصول على إيمان مثل ذلك لأنك لا تحتاجه إذ أنني لم أطلب منك أن تفعل ما يفعله ذلك الإنسان». منذ ذلك الحين شعرت بالامتنان لذلك الدرس الذي تعلمته في ذلك الوقت وهو: **الإيمان الذي يعطيه الله يتناسب مع المهمة التي يطلب منا أداءها.**

التقيت بعد ذلك في خدمتي بالعديد من المؤمنين الذين كان من الواضح أنهم لم يتعلموا ذلك الدرس. فقد طلبوا الإيمان وصارعوا من أجل الحصول عليه، ومع ذلك لم يبدو أنهم قد حصلوا على ما يكفيهم منه البتة. وكان هناك نقص واضح في الانسجام بين إيمانهم وبين ما يطلبون أن يفعلوه. فأصبحت مقتنعاً تماماً أن الأمر لا يتعلق بأن الله لم يعطيهم ما يفكيهم من الإيمان، بل أنهم كانوا يوجهون إيمانهم توجيهاً خاطئاً، وكانوا يطبقونه على مهام من اختيارهم، على على المهم التي عينها لهم الله فعلياً.

تخيل القدم وهي تحاول أن تؤدي عملها مرتدية قفازاً، أو اليد وهي ترتدي حذاءً. الواضح أنه لن يمكن لكليهما أن يعمل على نحو مناسب. وقد لا يوجد بالضرورة خطأ في أي من الأربعة أشياء المشتركة في العمل وهي: القدم، واليد، والقفاز، والحذاء.

فقد يكون كل منهم جيداً ونافعاً للعمل على نحو فردي. ولكنهم ارتبطوا ببعضهم البعض الارتباط الخطأ. فاليد التي ترتدي حذاءً وتريد أن تؤدي عمل القدم تربيك وتفشل، وكذلك الحال مع القدم التي ترتدي قفازاً وتحاول أن تتصرف مثل اليد. أما عندما ترتدي اليد قفازاً وترتدي القدم حذاءً، فسيكون هناك انسجام ويتحقق النجاح. كذلك يكون الأمر مع الإيمان الذي يعطيه الله، فهو يناسب العضو الذي يعينه له الله، تماماً كما يناسب القفاز اليد ويناسب الحذاء القدم.

يتحدث الكاتب في (عبرانيين ٤) عن المؤمنين الذين يدخلون إلى ميراثهم. فيقول «**لأَنَّنَا نَحْنُ الْمُؤْمِنِينَ نَدْخُلُ الرَّاحَةَ**» (آية ٣)، فسوف يُدخلنا الإيمان إلى الراحة. فمبجرد عثورنا على أماكننا في الميراث الذي يعطيه لنا الله، سوف نختبر في داخلنا سلاماً عميقاً لا يتزعزع. وقد يوجد الكثير من العمل المجهد، والضغوط، والمقاومات، ولكن توجد وسطها جميعاً راحة داخلية. وغالباً ما تشير المجهودات والصراعات المستمرة إلى أننا ما زلنا لم نعثر على المكان والوظيفة التي عينها لنا الله، فمازلنا نتلمس طريقنا مثل اليد التي ترتدي الحذاء، أو نتعثر مثل القدم الذي ترتدي القدم التي ترتدِ القفاز.

المخـلـص

تبدأ الخدمة المسيحية الفعالة بفعل الخضوع عندما نقدم أجسادنا لله كذبيحة حية. ويقودنا ذلك بدوره إلى تغيير طريقة تفكيرنا بأكملها. وتتجدد أذهاننا، وقيمنا، وأولوياتنا بالتدريج. فتتخذ خطط الله ومقاصده الأولوية على خططنا ومقاصدنا.

ونكون قادرين بأذهاننا المتجددة أن نرى أنفسنا ونرى غيرنا من المؤمنين كأعضاء محتدين في جسد واحد، ونستطيع العثور على مكاننا وتحقيق خدماتنا التي عينها لنا الله في ذلك الجسد. وعندما ننجح في ذلك، نكتشف أن الله قد خصص لكل ما بمفرده ذلك المقدار من الإيمان الذي تتطلبه أماكننا وخدماتنا.

عندما نؤدي علمنا بهذه الطريقة، بذلك الإيمان المعين لنا، في ذلك المكان المعين لنا، ننفتح على اختبار المواهب الخاصة أو (Charismata) التي نحتاجها. وهي تلك التي تكون بالنسبة لنا المواهب الحسنى.

أما إذا استمر صراعنا للحصول على الإيمان أو المواهب، فإن هذا يكون عادةً مؤشراً على عدم عثورنا على أماكننا المعينة في الجسد. وبمجرد عثورنا على أماكننا يحدث الانسجام بين خدمتنا وأيماننا ومواهبنا.

١١
الإيمان يبطل السقوط

سنحاول في هذا الفصل الختامي أن نفهم موضوع الإيمان من زاوية أخرى جديدة. فسنرى أن الإيمان الذي يقدمه الكتاب المقدس ويهبه لنا الله ويعمل في حياتنا، يُبطل تأثير السقوط.

تكشف لنا الأسفار المقدسة أن الإنسان قد خُلِق كاملاً ولكنه سقط من تلك الحالة بالتعدي الذي أصبح بسببه في موضع المساءلة أمام الله. ومع ذلك لم يكن الله راضياً بترك الإنسان في حلاته الساقطة. بل تكشف لنا الأسفار المقدسة منذ تلك اللحظة عن موضوع الفداء المهم. وهي قصة شراء الله للإنسان واسترداده لنفسه بموت المسيح على الصليب وكيف استرد الإنسان وتغيرت طبيعته وطرقه إلى تلك الصورة الأصلية التي وضعها الله. والإيمان هو مفتاح عملية الاسترداد بمعنى آخر، فالعمل الفدائي الذي لممارسة الإيمان أنما ينقض نتائج السقوط.

الإيمان، والتكلم، والخلق

يجب علينا، لكي نفهم كيف ينقض الإيمان السقوط، أن ندرك طبيعة الإنسان، والخطوات التي قادت لسقوطه. وجوهر الغواية التي استسلم لها. نجد الصورة الأصلية للإنسان كما خلقه الله في (تكوين ١ : ٢٦): «**وَقَالَ اللهُ: «نَعْمَلُ الإِنْسَانَ عَلَى صُورَتِنَا كَشَبَهِنَا**»، ونكتشف عندما نتابع ذلك الموضوع في الأسفار المقدسة أن «الشبه» بين الله والإنسان له جوانب متعددة.

سنركز في هذا الفصل على أحد جوانب الطبيعة إلهية؛ وهي قلما تُذكَر، ومع ذلك فهي مهمة إلى أقصى حد. وهذا الجانب من طبيعة الله الذي له مثيله في طبيعة الإنسان هو القدرة على ممارسة الإيمان. وكما ذكرت بإيجاز من قبل في هذا الكتاب، فالإيمان هو أحد أجزاء طبيعة الله الأبدية. فقدرته على الخلق تنتج عن إيمانه، وكل ما يعمله الله، يعمله بالإيمان. وعلاوة على ذلك، فكلماته التي ينطقها تقوم بالتعبير عن إيمانه وتكون كلماته القنوات التي تنقل الإيمان وبالتالي تكون أدوات قدرته على الخلق.

يعبر (حزقيال ١٢ : ٢٥) بقوة عن القدرة الفعالة التي لإيمان الله في كلماته. فيلعن الله هنا: «**لأَنِّي أَنَا الرَّبُّ أَتَكَلَّمُ، وَالْكَلِمَةُ الَّتِي**

أَتَكَلَّمُ بِهَا تَكُونُ». تشير الكلمات الافتتاحية «لأَنِّي أَنَا الرَّبُّ» إلى ما يتبعها هو جزء من طبيعة الله الأبدية التي تتغير. فعندما يقول الله شيئاً فإنه يتحقق. وكذلك يكون إيمانه بكلماته الخاصة.

هناك أحد الخصائص في اللغة العبرية توضح تلك الحقيقة عن الله وكلمته. فتحتوي اللغة العبرية التي كُتب بها العهد القديم على كلمته «dabar» التي يمكن أن تترجم على أنها «كلمة» وكذلك «شيء» بنفس القدر. ولا يمكن إلا لسياق الموضوع أن يوضح أي الترجمات هي الصحيحة، وكثيراً ما يتضمنا في الكلام. ويساعدنا هذا على أن نفسهم أن كلمات الله هي «أشياء». فعندما ينطق الله بكلمة بإيمانه، تصبح هذه الكلمة «شيئاً».

رأينا في الفصل السادس من هذا الكتاب أن نفس الأمر حقيقي بالنسبة للكلمة اليونانية «rhema» المستخدمة في العهد الجديد. وتشمل «الريما» التي يقدمها الله، التي هي كلمته المنطوقة انطلاقاً من إيمانه، في داخلها القدرة على تحقيق كل ما نُطق به.

تخبرنا (عبرانيين ١١ : ٣) أن العالم قد جاء إلى الوجود بالقدرة الخلاقة التي لإيمان الله في كلماته الخاصة: «**بِالإِيمَانِ نَفْهَمُ أَنَّ الْعَالَمِينَ أُتْقِنَتْ بِكَلِمَةِ اللهِ، حَتَّى لَمْ يَتَكَوَّنْ مَا يُرَى مِمَّا هُوَ ظَاهِرٌ**». ويميز الإيمان فيما واء العالم المنظور بأسره، أحد الأسباب

السامية المبدعة غير لمنظورة التي هي كلمة الله. وبذلك يدرك الإيمان البشري فيض عمل الإيمان الإلهي.

عندما تناولت في الفصل الثالث من هذا الكتاب موهبة الإيمان، أشرت إلى (مزمور ٣٣) عندما صور داود بالتفصيل عملية الخلق بكلمات الله المنطوقة فقال:

«بِكَلِمَةِ الـرَّبِّ صُنِعَتِ السَّمَاوَاتُ، وَبِنَسَمَةِ فَمِهِ كُلُّ جُنُودِهَا».

(مزمور ٣٣ : ٦).

«**٩لأَنَّهُ قَالَ فَكَانَ. هُوَ أَمَرَ فَصَارَ**» (مزمور ٣٣ : ٩).

يعطينا (تكوين ١ : ٣) مثالاً محدداً على كيفية حدوث ذلك: «**وَقَالَ اللهُ: «لِيَكُنْ نُورٌ» فَكَانَ نُورٌ**». فعندما نطق الله بكلمة «نور» ظهر الشيء الذي اسمه «نور»، فتحققت كلمة الله كشيء.

نصل بذلك إلى ثلاث استنتاجات حول الإيمان تساعدنا على فهم قدرته وأهميته.

فأولاً: الإيمان جزء من طبيعة الله الأبدية.

وثانياً: الإيمان هو القدرة الخلاقة التي أوجد الله بها العالم.

وثالثاً: تعبر الكلمات التي ينطق بها الله عن إيمانه وتجعل هذا

الإيمان فعالاً.

وحيث أن الله خلق الإنسان وله القدرة على ممارسة الإيمان، نجد في الإنسان أيضاً هاتين القدرتين المرتبطتين بالإيمان وهما: القدرة على الإبداع، والقدرة على التحدث. ومن المهم جداً أن نعرف أن هاتين القدرتين اللتين يشارك الإنسان الله فيهما، هما أيضاً اللتان تميزان الإنسان عن الحيوان.

يمتلك الإنسان قدرة إبداعية، فيمكنه أن يتخيل شيئاً ما لم يوجد فعلياً من قبل ثم يخططه ويأتي به للوجود. ويميزه هذا عن سائر الحيوانات المعروفة، فالطائر مثلاً، يمكنه أن يبني عشاً مدهشاً ومعقداً، إلا أنه يفعل ذلك بالفطرة. فلا يمكن للطائر أن يتخيل شيئاً ما لم يوجد من قبل، ويخطط له، ويأتي به لحيز الوجود، أما الإنسان فيمكنه ذلك. وبذلك الإدراك فالإنسان مبدع باستمرار.

وترتبط قدرة الإنسان على التحدث بقدرته المبدعة، ولن يستطيع الإنسان على التعبير عن أغراضه المبدعة دون ذلك. فقدرة الإنسان على التحدث المنطوق لا يشاركه فيها أي من الحيوانات المعروفة، فهي أحد الجوانب المميزة لشبه الإنسان لله.

نرى بذلك أن الإنسان كما خُلِق أساساً، يشارك الله في ثلاثة جوانب من طبيعته الإلهية الخاصة وهي: القدرة على ممارسة

الإيمان، والقدرة على الإبداع، والقدرة على التحدث.

غارات الشيطان على الإيمان

يطلب الله من الإنسان أن يستخدمه إيمانه، ذلك لأنه أعطاه أن يشاركه في قدرته على ممارسة الإيمان. وبناءً على ذلك، فعندما خلق الله الإنسان وضعه في موقف احتاج فيه للإيمان. أوضحت الأسفار المقدسة أن الله بشخصه لم يبقى باستمرار مع آدم في الجنة، بل تركه مع بديل عن حضوره الشخصي وهذا البديل هو كلمته. ورأينا بالفعل في الفصل الأول من هذا الكتاب أن الإيمان يصلنا بواقعين غير مرئيين وهما الله وكلمته. وكانت تلك هي العلاقة التي وجد آدم نفسه فيها. فقد كان في اتصال مباشر وشخصي مع الله، أما عندما لا يتواجد الله بنفسه في الجنة، كان آدم يضطر للتعامل مع الله بالكلمة التي تركها الله لآدم:

«وَأَخَذَ الرَّبُّ الإِلهُ آدَمَ وَوَضَعَهُ فِي جَنَّةِ عَدْنٍ لِيَعْمَلَهَا وَيَحْفَظَهَا.

وَأَوْصَى الرَّبُّ الإِلهُ آدَمَ قَائِلاً: «مِنْ جَمِيعِ شَجَرِ الْجَنَّةِ تَأْكُلُ أَكْلاً.

وَأَمَّا شَجَرَةُ مَعْرِفَةِ الْخَيْرِ وَالشَّرِّ فَلاَ تَأْكُلْ مِنْهَا لأَنَّكَ يَوْمَ

تَأْكُلُ مِنْهَا مَوْتاً تَمُوتُ» (تكوين ٢-١٥ : ١٧).

تشمل الآيات السادسة عشر والسابعة عشر الكلمات التي نطقها الله فعلياً لآدم، وتنقسم إلى ثلاثة أقسام وهي: أولاً: السماح، وثانياً: وثالثاً: التحذير. سمح الله لآدم بما يلي: «**مِنْ جَمِيعِ شَجَرِ الْجَنَّةِ تَأْكُلُ أَكْلاً**» (آية ١٦). وكان الحظر كالتالي: «**وَأَمَّا شَجَرَةُ مَعْرِفَةِ الْخَيْرِ وَالشَّرِّ فَلاَ تَأْكُلْ مِنْهَا**» (آية ١٧). وأخيراً كان التحذير كالتالي: «**لأَنَّكَ يَوْمَ تَأْكُلُ مِنْهَا مَوْتاً تَمُوتُ**» (آية ١٧). وكانت تلك هي كلمة الله ثلاثية الأبعاد الموهة لآدم: السماح، والحظر، والتحذير.

كلما اتصل الإنسان بالله بكلمته على نحو صحيح، كلما كان مباركاً وآمناً. ولا يستطيع الشيطان أن يلمسه. إلا أن الشيطان كان مصمماً على فصل الإنسان عن الله وحرمانه من بركاته. ولم يبدأ بدهائه المميز بتحدي مباشر لعلاقة آدم مع الله. بل كان بالحري يسعى لتقويض كلمة الله لآدم. وعلاوة على ذلك اقترب الشيطان إلى آدم عن طريق «**الإناء الأضعف**» التي هي حواء. انظر (١ بطرس ٣ : ٧).

وقد وصف لنا الأصحاح الثالث من سفر التكوين المواجهة المبدئية بين الشيطان وحواء:

«وَكَانَتِ الْحَيَّةُ أَحْيَلَ جَمِيعِ حَيَوَانَاتِ الْبَرِّيَّةِ الَّتِي عَمِلَهَا الرَّبُّ الإِلَهُ فَقَالَتْ لِلْمَرْأَةِ: «أَحَقًّا قَالَ اللهُ لاَ تَأْكُلاَ مِنْ كُلِّ شَجَرِ الْجَنَّةِ؟».

فَقَالَتِ الْمَرْأَةُ لِلْحَيَّةِ: «مِنْ ثَمَرِ شَجَرِ الْجَنَّةِ نَأْكُلُ.

وَأَمَّا ثَمَرُ الشَّجَرَةِ الَّتِي فِي وَسَطِ الْجَنَّةِ فَقَالَ اللهُ: لاَ تَأْكُلاَ مِنْهُ وَلاَ تَمَسَّاهُ لِئَلَّا تَمُوتَا» (تكوين ٣ : ١-٣).

لم يبدأ الشيطان في استراتيجية لخداع حواء بإنكار مباشر لكلمة الله، لأن هذا سيكون عملاً مفضوحاً للغاية! بل بدأ بمجرد التشكيك فيه: «**أَحَقّاً قَالَ اللهُ...؟**». أعتقد أن حواء خسرت المعركة في اللحظة التي استمعت فيها لذلك السؤال. إن أردنا الاحتفاظ بعلاقة صحيحة مع الله، فهناك بعض الأسئلة التي يجب نغلق أذهاننا أمامها. أما حواء فقد وثقت في حكمها الشخصي. وشعرت أن لديها القدرة على أن تماثل هذه الحية الفاتنة متقدة الذكاء التي اقتربت إليها في الجنة. فكان أصل خطئها هو الثقة بالذات.

سجل لنا (تكوين ٣ : ٤) المرحلة التالية من استراتيجية الشيطان: «**فَقَالَتِ الْحَيَّةُ لِلْمَرْأَةِ: «لَنْ تَمُوتَا!»**». بما أن حواء استمعت من البداية للسؤال فلم تعد لديها القدرة على مقاومة الغواية.

ومع ذلك لم تكون استراتيچية الشيطان قد اكتملت بعد. يجب أن نذكر أنفسنا باستنتاجين من الفصل الخامس من هذا الكتاب لكي نفهم هدف الشيطان النهائي: أولاً: الهدف النهائي للإيمان الحقيقي هو الله نفسه، فإن حدث وفقدنا الإيمان بالله كشخص، سوف نكف عن إيماننا بكلمته. ومن الممكن أن يحدث العكس: فإن فقدنا الإيمان في كلمة الله، فسوف نفقد الإيمان بالله كما سنرى في حالة حواء. وثانياً: إن كنا سنحتفظ دائماً بإيمان لا يرقى إليه الشك في صلاح الله، وحكمة الله، وقدرة الله على توفير ما نحتاجه، فلن يكن لدينا أي دوافع للخطية.

يستخدم الشيطان هذه المبادئ. وقد نجح في تقويض إيمان حواء في كلمة الله، وبذلك قوض إيمانها بالله نفسه. وقد حقق ذلك بقوله: «بَلِ اللهُ عَالِمٌ أَنَّهُ يَوْمَ تَأْكُلاَنِ مِنْهُ تَنْفَتِحُ أَعْيُنُكُمَا وَتَكُونَانِ كَاللهِ عَارِفَيْنِ الْخَيْرَ وَالشَّرَّ» (آية ٥).

عندما نأخذ كلمات الشيطان في سياقها، نجدها تهدف إلى التشكيك في دوافع الله في معاملاته مع آدم وحواء. فهو يلمح إلى أن الله حاكم مستبد ومتعسف، يسعى للاحتفاظ بهما في حالة من الدونية عن طريق بقائهما جاهلين. وقد نعيد صياغة اتهام الشيطان الموجهة ضد الله كالتالي: هل تظنان حقيقة أن الله يحبكما؟ وهل تظنان أنه يريد مصاحبتكما؟ كلا! ألا

تعرفان أنه قد جاء بكما إلى هذه الجنة لمجرد الاحتفاظ بكما تحت سيطرته؟ إنكما لستما أفضل بكثير من العبيد. والآن، إن كنتما تعتزمان الأكل من تلك الشجرة، فستختلف الأمور! ولن يكون عليكما الاعتماد على الله فيما بعد؛ لأنكما ستكونان مثل الله تماماً.

كان هذا هو الإقناع الأخير الذي كسر علاقة حواء مع الله، فقد تخلَّت عن ثقتها بكلمة الله .. ثم تخلَّت عن ثقتها بالله نفسه. وبدلاً من أن ترى في كل ما يحيط بها، الدليل المرئي لى محبة الله الذي لا يمكنها رؤيته وصلاحه، قبلت صورة الشيطان المظلمة والمشككة في دوافع الله كحاكم مستبد ومتعسف، غرضه الاحتفاظ بها وزوجها في حالة من الدونية، تقد بكثير عن إمكاناتهم الواقعية. وصدقت كذب الشياطن بأن أكلهما من الشجرة المحرمة سوف يطلق قدراتهما الفطرية على المساواة بالله! وقد تفكرت «هل يمكن أن يوجد زي دافع أسمى من الرغبة في أن نكون مثل الله؟».

يسجل لنا الأصحاح الثالث من سفر التكوين استسلام حواء:

«فَرَأَتِ الْمَرْأَةُ أَنَّ الشَّجَرَةَ جَيِّدَةٌ لِلأَكْلِ وَأَنَّهَا بَهِجَةٌ لِلْعُيُونِ

وَأَنَّ الشَّجَرَةَ شَهِيَّةٌ لِلنَّظَرِ[٤٥]» (تكوين ٣ : ٦) .

والكلمة التي تقدم مفتاح كل ما حدث هي «فرأت» . فحواء قد «رأت ... أن الشجرة ...» . وتشير الكلمة للانتقال من مجال لآخر . فعند هذه النقطة ، تخلَّت حواء عن المجال غير المرئي الذي لله وكلمته ، وبدلاً من ذلك انتقلت إلى ما تراه ، فاتكلت على حواسها الطبيعية ، وانحدرت من مجال الإيمان إلى مجال الحواس . وكان للشجرة في هذا المجال الأدنى ، ثلاث ميزات تجتذبها وهي : إنها جيدة للأكل ، وأنها بهجة للعيون ، وأنها شهية للنظر (لجعل الإنسان حكيماً) .

طبيعة الغواية

يذكر الرسول يوحنا الثلاثة أشكال الأساسية للغواية فيقول :

«لاَ تُحِبُّوا الْعَالَمَ وَلاَ الأَشْيَاءَ الَّتِي فِي الْعَالَمِ. إِنْ أَحَبَّ أَحَدٌ الْعَالَمَ فَلَيْسَتْ فِيهِ مَحَبَّةُ الآبِ.

لأَنَّ كُلَّ مَا فِي الْعَالَمِ شَهْوَةَ الْجَسَدِ، وَشَهْوَةَ الْعُيُونِ،

---

(٤٥) في الأصل العبري «... وأن الشجرة شهية لجعل الشخص حكيماً» .

وَتَعَظُّمَ الْمَعِيشَةِ[٤٦]، لَيْسَ مِنَ الآبِ بَلْ مِنَ الْعَالَمِ» (١يوحنا ٢ : ١٥-١٦).

يتكون العالم المحسوس، في مسميات الله، من ثلاثة عناصر هي: شهوة الجسد، وشهوة العيون، وتعظم المعيشة (تفاخر الكبرياء). وتدل كلمة شهوة في الأسفار المقدسة عادةً على رغبة شديدة منحرفة وضارة ولا تخضع لمعايير الله للبر. وأول شكلين للغواية، يذكرها يوحنا هنا هما الرغبات الشهوانية التي تؤثر في الإنسان عن طريق حواسه الطبيعية. ويسعى الشكل الثالث من الغواية نحو ذات الإنسان أو نفسه. فتعظم المعيشة (تفاخر الكبرياء) هو ذلك الدافع الداخلي في الإنسان الذي يرفض أن يقر باعتماده على الله، بل يسعى لتعظيم نفسه. ويعبّر عن هذا بعبارات مثل: «يمكنني إدارة حياتي الخاصة. أنا لا أحتاج للاعتماد على الله. لماذا أكون أقل منه؟».

واجه الشيطان يسوع عندما كان في البرية بكل من هذه الثلاث غوايات انظر (لوقا ٤ : ١-٣). فحاول الشيطان إغراءه بتحويل الحجارة إلى خبز وهي «شهوة الجسد». ثم أره جميع ممالك العالم بقدرتها ومجدها وهي «شهوة العيون». وأخيراً حاول الشيطان إغراء يسوع بأن يلقي بنفسه من على جناح الهيكل ليصنع

(٤٦) في الأصل اليوناني «... شهوة الجسد وشهوة العيون وتفاخر الكبرياء».

بذلك معجزة بمادرته الخاصة مما ذاته، ودون خضوع لمشيئة الآب أو طلب تحقيق مجد الآب. ويمثل ذلك «تعظم المعيشة (تفاخر الكبرياء)».

هناك عدة مقارنات شيقة بين غواية آدم وتجربة يسوع (الذي يسمى «آدم الآخير») في (١كورنثوس ١٥ : ٤٥). فقد واجه آدم الغواية في جنة جميلة تحيطها كل الأدلة على التوفير المحب الذي يقدمه الله لاحتياجاتنا. بينما واجه يسوع تجربته في برية قاحلة يرافقه فيها حيوانات متفرسة. انظر (مرقس ١ : ٣). وخضع آدم لغوايته عندما أكل؛ بينما انتصر يسوع على تجربته عندما صام. فالمعاني التي تتضمنها هذه المقارنة عميقة جداً!

عندما نعود لمواجهة الشيطان مع حواء، نلاحظ أن الشجرة قدمت لها أشكال الغواية الرئيسية الثلاث إذ تغري شهيتها «شهوة الجسد» وتغري عينيها «شهوة العيون» وتغري ذاتها لأنها تبشرها بأنها ستجعلها حكيمة فتحررها بذلك من الاعتماد على الله «تعظم المعيشة (تفاخر الكبرياء)».

الخطية في جوهرها ليست عمل أمور خاطئة، بل الخطية هي الرغبة في الاستقلال عن الله. وعندما تظهر الرغبة عندنا، فهي تشكل خطراً روحياً. وفي حالة حواء، كانت الوسيلة التي تمنت أن تحقق بها استقلالها عن الله هي المعرفة أي معرفة الخير والشر،

وهي إحدى الوسائل التي يسعى بها البشر عامة للاستقلا
الله. والطرق الأخرى هي الثروة، والسمعة، والقوة. وأحد الطر
الأسمى منها جميعاً هي الدين، فيمكننا أن نصبح متدينين جداً
إلى الدرجة التي نظن معها أننا لم نعد نحتاج إلى الله.

بما أن رغبة حواء كانت تحفزها للاستقلال، فقد نقلت ثقتها من كلمة الله إلى حواسها الطبيعية. ونتيجة لذلك، سريعاً ما استسلمت للغواية ثلاثية الأبعاد التي كانت الشجرة تقدمها لها وتناول من ثمرها ثم أغوت زوجها على فعل نفس الشيء، فانفصل كلاهما عن الله بعدم طاعتهما.

في ضوء التحليل السابق لما جاء في (تكوين ٣: ١-٦) نكون الآن في وضع يسمح لنا بإيجاز طبيعة الغواية. **فالإيمان في المجال غير المنظور لله وكلمته إنما هو أصلي وطبيعي للإنسا، أما عدم الإيمان فهو أمر منحرف وغير طبيعي. وتفصل الغواية الإنسان عن إيمانه الطبيعي بالله وكلمته، فهي تغري الإنسان عن طريق حواسه الطبيعة. وعندما نقتفي آثارها، نجد أن كل غواية إنما هي بقصد عدم إطاعة الله. والدافع الذي تستغله في ذلك هو الرغبة في الاستقلال عن الله، والنتيجة التي تقدمها هي عدم طاعة الله.**

الإيمان هو العلاج المضاد

يعمل الإيمان في الاتجاه المضاد تماماً للغواية. ويتطلب الإيمان من الإنسان أن يرفض كل ثقته في حواسه وطموحه الأناني لتعظيم ذاته في استقلاله عن الله. ويؤكد الإيمان بالإضافة لذلك على سمو المجال غير المنظور الذي لله وكلمته ويتطلب من الإنسان أن يتضع ويقر باعتماده على الله. إذاً، فالإيمان يبطل تأثيرات **سقوط الإنسان ويفتح الطريق له ليعود لعلاقته الأصلية مع الله.**

عندما يتواجه الإنسان مع متطلبات الله للإيمان من جهة وادعاءات حواسه من الجهة الأخرى، يجد نفسه في معضلة فهو محصور بين متضادين. ويذكر (حبقوق ٢ : ٤) هاتين القوتين المتضادتين: «هُوَذَا مُنْتَفِخَةٌ غَيْرُ مُسْتَقِيمَةٍ نَفْسُهُ فِيهِ. وَالْبَارُّ بِإِيمَانِهِ يَحْيَا». وكما لاحظنا من قبل، فالعهد الجديد يذكر الجزء الثاني من هذه الآية ثلاث مرات ليقدم الأساس الذي تقدمه الأسفار المقدسة للتبرير بالإيمان. ومع ذلك لا يمكننا رؤية مجال المعضلة الكامل إلا عندما نضع نصفي الآية في مقابل بعضهما البعض، وعندما ننظر إليهما كنقيضين نجد أن كلاً منهما يستبعد الآخر.

من المهم أن نرى أن النصف الأول من الآية يصف نفس الإنسان

في تمردها على الله. وتعني الكلمة العبرية الأصلي: «**هوذا نفسه منتفخ فيه وليست مستقيمة**». يتماشى ذلك مع ما يدعوه يوحنا «**تَعَظُّمَ الْمَعِيشَةِ (تفاخر الكبرياء)**» (١يوحنا ٢ : ١٦). ويمكننا أن نعيد صياغة (حبقوق ٢ : ٤) كما يلي «**تصبح النفس التي تعظم ذاتها منحرفة**». وتسعى ذات الإنسان لتعظيم نفسه، وترفض مطالب الله وكلمته وتفضل بدلاً من ذلك أن تثق بحواسه الخاصة التي تصارع للاستقلال عن الله.

ويصور النصف الثاني من الآية البديل العكسي. فالإنسان الذي يجعل الإيمان أساساً للحياة، يتضع أمام الله ويقبل أن تكون كلمة الله هي معياره للحكم ويرفض الثقة في نفسه وفي حواسه. فالحواس تغري استقلال الإنسان، والأنا هي التي تعظيم الذات، أما الإيمان فهو يخضع الأنا الخاصة بالإنسان ولكي يؤر عليها يقول: «أنا لست مستقلاً. فيجب أن تعتمد على الله، ولا يمكنك أن تثق بحواسك إلا عندما تتفق مع كلمة الله. ولا يكون معيارك النهائي للصواب والخطأ، أو الحق والإثم هو ما تخبرك به حواسك بل ما يقوله الله في كلمته».

إذاً، يهرب الإيمان من مكان السقوط. ويجعل السقوط الإنسان أسيراً لمجال الحواس: «**فَرَأَتِ الْمَرْأَةُ أَنَّ الشَّجَرَةَ جَيِّدَةٌ**» (تكوين ٣ : ٦)، وهو يعظم الأنا الخاصة بالإنسان: «**وَتَكُونَانِ**

كَاللهِ» (آية ٥). ويجب أن نبطل كل هذا التعظيم للذات إن كنا نريد أن نحيا حياة البر التي ترضي الله. فكيف يمكن إبطاله؟ بمبدأ الإيمان. فالإيمان يرفض كلاً من سيادة الحواس والتفاخر، وكبرياء النفس الذي يعظم الذات.

أشار بولس في (رومية ٣ : ٢٧) إلى أن الإيمان الحقيقي يتنافر مع الكبرياء: «فَأَيْنَ الافْتِخَارُ؟ قَدِ انْتَفَى! بِأَيِّ نَامُوسٍ؟ أَبِنَامُوسِ الأَعْمَالِ؟ كَلاَّ! بَلْ بِنَامُوسِ الإِيمَانِ».فليست تلك الأشكال من المشاعر أو الأنشطة الدينية التي تدع مكاناً لاستقلال الإنسان عن الله، والأنا التي تعظم الذات، هي التعبير عن الإيمان النافع كما تقدمه الأسفار المقدسة.

إذاً، فهناك طريقتان للحياة؛ فإما أن يرفض الإنسان فكرة الاعتماد على الله ويثق بنفسه وبحواسه. وإما أن ينبذ الإنسان الثقة بنفسه وبحواسه، ويثق بما لا يمكن لحواسه أن تدركه، أي بكلمة الله. وعندما يفطما الإيمان عن الذات وعن مجال الحواس، فهو يعيدنا لمبدأ البر الذي يؤَسَس على الثقة بالله وبكلمته. ولا يمكننا أن نحنيا الحياة التي ترضي الله إلا بهذا البر.

فالإيمان هو العلاج المضاد للسقوط.

المخلص

الإيمان جزء من طبيعة الله الأبدية . وقد خلق الله العالم كله بكلمته التي نطقها بالإيمان . يشارك الإنسان كجزء من تشابه مع الله ، ثلاثة جوانب من الطبيعة الإلهية وهي : القدرة على ممارسة الإيمان ، والقدرة على الابتكار ، والقدرة على التحدث .

وبما أن الله خلق الإنسان وله القدرة على ممارسة الإيمان ، فقد وضعه في موقف يحتاج فيه لعمل ذلك . فلم يستمر آدم في الجنة في التواصل المباشر مع الله كشخص ، لكنه تواصل مع الله بالكلمة التي تركها الله له وهي تلك الكلمة ثلاثية الأبعاد التي للسماح ، والحظر ، والتحذير .

اقترب الشيطان من آدم بطريقة غير مباشرة عن طريق «الإناء الأضعف» ؛ حواء وذلك لكي يفصله عن الله . وقد بدأ بتقويض ثقة حواء بكلمة الله ، وذلك أولاً بالتشكيك فيها ، ثم بإنكارها بشكل مباشر . ثم استمر في تقويض ثقتها بالله نفسه وذلك بأن أقنعها وزوجها أنهما يجب ألا يبقيا في وضع الدونية ، وإنما يمكنهما تحقيق التساوي مع الله باكتساب معرفة الخير والشر . وهذه الرغبة في الاستقلال عن الله هي الدافع الداخل الذي يقول للخطية .

اقتنعت حواء بهذه الطريقة بالتخلي عن ثقتها بالمجال غير المنظور الذي لله وكلمته. فانحدرت إلي مجال الحواس بدلاً منه.. وقد واجهت مع الشجرة المحرمة، تلك الثلاثة أشكال الأساسية للغواية وهي: شهوة الجسد، وشهوة العيون، وتعظم المعيشة (تفاخر الكبرياء). ولأن حواء بدأت العمل في المجال الأدنى الذي للحواس، فلم تعد قادرة فيما بعد على مقاومة إغراء الشجرة، بل استسلمت للغواية وأقنعت زوجها بعمل نفس الأمر.

يعكس الإيمان عمل الغواية هذه اتي قادت لسقوط الإنسان. ويتطلب الإيمان من الإنسان أن ينبذ كلاً من ثقته بحواسه ورغبته في تعظيم نفسه بهدف الاستقلال عن الله. كما يتطلب الإيمان أن يعيد الإنسان تأكيده لثقته في العالم غير المرئي الذي لله وكلمته. واستجابة الإنسان لمتطلبات الإيمان تحدد مصيره.